ち

Tusculum-Bücherei

Arbeo: Vita et passio Sancti Haimhrammi Martyris

LEBEN UND LEIDEN

DES

HL. EMMERAM

Lateinisch-deutsch ed. Bernhard Bischoff

ERNST HEIMERAN VERLAG MÜNCHEN

Titelvignette: **Die Marterstelle Kleinhelfendorf** mit der heutigen Kirche

1.—3. Tausend 1953 / 213

Druck: Junge & Sohn, Erlangen · Binden: Rüter & Co., Erlangen

INHALT

INCIPIT VITA VEL PASSIO SANCTI
HAIMHRAMMI MARTYRIS.

In nomine Dei summi.

In perpetuo regnante Domino nostro Iesu Christo, qui sanguine suo servos suos redimere dignatus est, cuius post passionem longe lateque flagrando in partibus mundi fama percrebruerat, ita ut Europae non modica pars insegniter sacris christianitatis indagine florere dinosceretur, ita ut occidentales tot angulorum, Brittaniae, Hiberniae, Galliae, Alamanniae, Germaniae pars, paulatim mirifico modo in Dei laude constanter fulsissent. Inter quas provintias Gotia, Septemania, Spania, Aquitania cum habitatoribus suis deponentes idolatria unicum Dei filium colere coeperunt.

In cuius Aquitaniae praedictae partibus Pictavis vocabulo urbs antiqua sita dinoscitur, ex qua ortus est puer vocabulo Haimhrammus; qui a puerili aetate coepit mundum despicere et quasi quisquilias huius mundi gloriam calcare, ad sacrum liberalium litterarum studium se informare, ita dumtaxat, ut, superno iudice inspirante, ad summum promereretur conscendere pontificatus honorem.

Erat namque procerus statura, decorus, forma, vultu sincerus, elemosinarum praecipuus, ieiuniis, castitate et continentia praeclarus, sermone

ES BEGINNT DAS LEBEN UND LEIDEN DES HEILIGEN MÄRTYRERS EMMERAM.

1 Im Namen des höchsten Gottes.

Unter der ewigen Herrschaft unseres Herrn Jesus Christus, der mit seinem Blute seine Diener in Gnaden erlöst hat, drang nach seiner Passion die Botschaft wie ein Lauffeuer weit und breit über die Erdteile, also daß man einen nicht geringen Teil von Europa, vom heiligen christlichen Glauben eingehegt, herrlich erblühen sah. Daher erstrahlte der Westen aller Orten: in Britannien, Irland, Gallien, Alamannien und einem Teile von Germanien allmählich in wunderbarer Weise im beständigen Lobe Gottes. Unter diesen Ländern legten auch Gotien, Septimanien, Spanien und Aquitanien mit ihren Bewohnern den Götzendienst ab und begannen den einigen Sohn Gottes zu verehren.

Wie jedermann weiß, liegt in den Landen des erwähnten Aquitanien eine alte Stadt namens Poitiers, und aus dieser stammte ein Knabe mit Namen Emmeram. Der fing von Kindesbeinen an, die Welt zu verschmähen und ihren Ruhm wie Kehricht zu verachten; er bildete sich so im heiligen Studium der freien Wissenschaften, daß er auf die Eingebung des himmlischen Richters hin für würdig geachtet wurde, zur höchsten Ehre des Bischofsamtes aufzusteigen.

2 Er war aber von hohem Wuchs und schöner Gestalt, mit offenem Blick, durch seine Almosen ausgezeichnet, durch Fasten, Keuschheit

facundus, ad eradicanda vitia sagax, ad plantanda et ad inriganda subiectorum pectora simplex, cuius ex ore, quasi lymphae amnis in ima convallium prosilientes, psalmodia inquiete emanavit, usque dum cuncta Davitica ex more finiret. Subiectorum, ut diximus, praecordiorum arva caelesti ymbre rigare insudabat, ita ut pene otium ori minime concederet. Pes erat clodi et oculus caeci, recreator pauperum, genitor orphanorum, defensor viduarum, gementium consolator. Dominicas vero oves pascendas eius pectore tanta inerat cura, ut per urbes Gallorum et oppida, per vicos et fidelium domos huc illucque discurrens, praedicando sapientibus archana eructuans, inbecillis lac emanans, et quod ore praedicabat, exemplo confirmabat, ita ut a cunctis diligeretur. Ad eum autem confluebant Gallorum regni nobiles, ignobiles, locupletes et inopes, quibus pene omnibus, prout necessitas compellebat, habundanter tribuere non recusabat. Aliis indumentum, aliis alimentum, aliis vero ornamenta, prout indigebant, hilarissimo vultu largitus est; ante omnia autem intrinsecus aedificare omnes insudabat.

Dum autem vir reverentissimus Haimhrammus episcopus tot vigoribus polleret, pervenit ad eum fama, quod in quibusdam Europae partibus Pannoniensis plebs, tot Avarorum regna, excae-

und Mäßigung berühmt, gewandt in der Rede, wachsam, die Sünden auszurotten, und aufrichtig bedacht, die Herzen seiner Untergebenen zu pflanzen und zu bewässern; aus seinem Munde floß — wie die Wasser eines Flusses, die nach dem Grund der Täler strömen — unablässig Psalmengesang, bis er den ganzen Psalter beendet hatte, wie es der Brauch ist. Wie wir gesagt haben, mühte er sich ab, die Herzensgefilde seiner Untergebenen mit himmlischem Regen zu bewässern, so daß er seinem Munde fast keine Muße gewährte. Er war der Fuß des Lahmen und das Auge des Blinden, der Pfleger der Armen, der Vater der Waisen, der Beschützer der Witwen, der Tröster der Seufzenden. So sehr aber lag ihm am Herzen, die Schafe des Herrn zu weiden, daß er durch die Städte und Flecken der Gallier, durch die Dörfer und in die Häuser der Gläubigen hin und wieder eilte, und dabei in der Predigt den Weisen die Geheimnisse offenbarte und den Schwachen Milch spendete, und was er mit dem Munde predigte, das bekräftigte er durch sein Beispiel, so daß er von allen geliebt wurde. Zu ihm strömten die Edlen des gallischen Reiches und die Gemeinen, die Reichen und die Armen, und ihnen allen teilte er ohne Weigern reichlich mit, wie die Notwendigkeit es verlangte. Diesen schenkte er mit heiterer Miene ein Gewand, jenen Speise, jenen aber Kostbarkeiten, wie sie dessen bedurften; vor allem aber bemühte er sich, sie alle innerlich zu erbauen.

3 Während aber der ehrwürdige Mann, der Bischof Emmeram, mit solcher Tatkraft wirkte, drang zu ihm die Kunde, daß in einer Gegend Europas das pannonische Volk, das ganze Reich der Avaren, sonderlich den Götzen diente, weil

catis oculis a veritatis luce, quae est Christus, maxime ydolis deserviret. Unde Dei famulus contristatus valde, intrinsecus dolore tactus, intra semet ipsum meditare conatus est, ut illuc Christum praedicare deberetur. Relicto domo, inmensis substantiis, tot parentorum nobilium turbas deserens, in sedem urbis avide iam praedicte alium constituens episcopum, imitans exemplum patriarchae Abrahae, cui per divinam praecipitur vocem, ut suumque tellum, propagines finitimorum pro condiscensione Aegypti exutus oblivione traderetur, arrepto comitatu, prout ministraverat voluntas, transmisso amne Ligere, per partibus Galliarum seminando fidei semina carpebat iter, usque dum caput Germaniae penetraret, id est Reni fluenta. His iam ammissis partibus, Altemaniam ingressus; qui dum linguam non novisset, per interpretem quendam religiosum presbyterum Vitalem nomine in aucmento audientium eximia divinitus plantando perrexit.

Erat enim iter illius in audientium pectore quasi ymber temporaneus, dum verno aridam arvam suo infunditur rigore; de cuius infusione reviviscunt segetum radices et omnium graminum viriscunt genera, ita ut tellus, quasi ex somno mortis resurgens, et suo decore in pristino restauratur amoenitate. Dum intentione huius sollicitudinis perfecisset iter, ut eorum postponeret partes, caepit Germaniam austri ingredere ad fluenta Danubii amnem in partibus Baiuvariorum. Cuius

ihre Augen blind waren für das Licht der Wahrheit, die da ist Christus. Darob wurde der Diener Gottes sehr betrübt und begann bei sich selbst zu denken, daß er dort Christus predigen müsse. Er verließ sein Haus, seinen unermeßlichen Besitz, verließ die große Schar edler Verwandten und setzte auf dem bischöflichen Stuhl jener gewaltigen Stadt einen anderen zum Bischof ein, indem er das Beispiel des Erzvaters Abraham nachahmte, dem durch die Stimme Gottes befohlen wurde, sein Land und das Geschlecht seiner Verwandtschaft zu verlassen und zu vergessen, und nach Ägypten hinabzuziehen. Er nahm Begleitung mit sich, soviel ihm gut dünkte, setzte über die Loire, zog durch die Länder Galliens und streute die Saat des Glaubens aus, bis er die Grenze Deutschlands überschritt, nämlich die Fluten des Rheins. Nachdem er diese Gegenden schon hinter sich gelassen hatte, betrat er Altemannien; da er aber die Sprache nicht kannte, fuhr er mit Hilfe eines Dolmetschers, eines frommen Priesters namens Vitalis, fort, zum Heil der Zuhörer auf göttlichen Befehl die erhabene Lehre zu pflanzen.

4 Seine Reise war in den Herzen der Hörer wie ein rechtzeitiger Regen, wenn er im Frühjahr die dürre Erde mit seiner Flut tränkt; von seiner Feuchte leben die Wurzeln der Saaten wieder auf, und alle Arten der Gräser ergrünen, so daß die Erde wie aus einem Todesschlafe aufersteht und durch ihren Schmuck in der früheren Lieblichkeit wiederhergestellt wird. Da ihm bei seiner Reise daran gelegen war, ihre Gegenden hinter sich zu bringen, zog er weiter in das südliche Deutschland zu den Fluten der Donau im bayerischen Lande. Und in-

dum sequeret fluentis, ad Radasponam pervenit
urbem, qui ex sectis lapidibus constructa, in me-
tropolim huius gentis in arce decreverat. Quam
tunc in tempore dux gentis Baiuvariorum vir
alacer Theoto regebat; in quam urbem venerabilis episcopus ingressus est. Dum autem praenotati principis praesentatus fuisset obtutibus, suumque secretum ad aditum oris perducens, Deo
opitulante, partibus Pannoniae ad robustam gentem Avarorum se iturum professus est, ibi se aut
pro Christum crucifixum pollicebat aut illius
nutu vitam finiri.

Eo namque tempore inter Hunorum et gentem
Baiuvariorum orta est discordia, ita ut a vastan-
tium manibus circa amnem Anisem interia-
centem depopulate urbis pene deserte esse videbatur, ut saltus bestiis in augmentum daretur
intellegi, quia humana fragilitas huc illuc tran-
sire diffidebat, quia quamvis iurandi vinculo ad-
strictus aliquis a quodam fuisset, penitus tamen
maius insidie quam ostensam benignitatem aesti-
maretur. Tunc praedictus Theoto Baiuvariorum
gentis dux, se discordare cum Avaros praenun-
tians, illuc eum ire minime sinire professus est;
sed aiebat, ut tantus et talis Deo notus episcopus
apud se et suos remansisset. Postquam vero dul-
cia illius praedicamenta gustaverat, sinendi locum egressionis consentire non deberet, sed lar-
giendo vultu honesto in iam praecommemoratam
provinciam pontifici et tam excellentissimi viri
possessiones concedere deberet, ita ut eorum pontifex esse debuisset, et si ita dedignaret, vel pro
humilitatis studio abbas huius provintiae cenu-

dem er ihrem Lauf folgte, gelangte er nach der Stadt Regensburg, die, aus behauenen Steinen erbaut, die feste Hauptstadt dieses Volkes geworden war. Hier regierte damals als Herzog des Bayernstammes der wackere Theoto; in diese Stadt zog der ehrwürdige Bischof ein. Als er aber vor das Angesicht des Fürsten geführt wurde, da tat er seine geheime Absicht kund und erklärte, er wolle mit Gottes Hilfe nach Pannonien zu dem starken Volke der Avaren ziehen; er versicherte, er werde dort entweder für Christus den Kreuzestod erdulden oder, wenn es sein Wille sei, in Frieden das Leben beschließen.

5 Zu jener Zeit war zwischen den Hunnen und dem Volk der Bayern ein Streit ausgebrochen, so daß die Städte um die Enns, die die Grenze bildet, verheert waren; sie schienen fast verlassen, als wären sie wie der Wald den wilden Tieren anheimgegeben, weil die menschliche Schwachheit nicht wagte, hinüber- und herüberzuziehen. Denn wenn auch jemand einem anderen durch Eidesbande verpflichtet war, so dachte er doch mehr an Hinterlist als an die erzeigte Güte. Darum erklärte der Herzog des Bayernvolkes, Theoto, er liege im Streit mit den Avaren und werde nicht zulassen, daß jener dorthin ziehe. Er sagte aber, ein so bedeutender, Gott wohlbekannter Bischof solle bei ihm und den Seinen bleiben. Nachdem er aber seine süße Predigt gekostet hatte, sagte er, er dürfe ihm zwar nicht gestatten, hinüberzuziehen, doch wolle er ehrerbietig durch Schenkungen diesem Bischof und diesem ausgezeichneten Manne in seinem Lande Besitzungen übertragen, so daß er ihr Bischof sein müsse; lehne er dies jedoch aus Demut ab, so dürfe er sich

biis normali studio fecunditer proles cupare non recusaret.

Sacer Dei famulus se in hoc exisse a Gallorum regno, ut gentes Hunorum, quae ignorant Deum caeli, hoc est Christum crucifixum, convertere debuisset. Dum minime explendi ceptum iter licere se agnosceret, prospiciens ipsam terram optimam, superficie amoenam, nemorosis locupletem, vino copiosam, ferro superfluam, auro et argento et purporis habundantem, proceros viros et robustos, caritate et humanitate fundatos, humum fertilem et segetum habundantem, iumentis et gregum omniumque, ut pene superficies telli coopertus esse videbatur, melli et apium copia epode habundans, piscium multitudine in stagnis et in amnis infusa, prospicuissimis fontibus et rivolis inrigua, sale, prout opus erat, condita. Urbs, ut praediximus, Radaspona inexpugnabilis, quadris aedificata lapidibus, turrium exaltata magnitudine, puteis habundans. Cuius septentrionalem partem Danubius suo rigore contra ortum suo cursu infunditur fluenta. Regionis montana fructifera, pascuis dedita, herbis habundantia, feris saltus et frutecta cervis, alcis, bubulis, capraeis, ibicum et omnium bestiarum atque ferarum generibus ornata.

Sed habitatores eius neoffiti eo namque in tempore idolatriam radicitus ex se non extirpa-

nicht weigern, wenigstens als Abt der Klöster dieses Landes durch seinen Eifer für die Regel über die gedeihliche Entwicklung zu wachen.

6 Der heilige Diener Gottes erwiderte, er sei in der Absicht aus dem gallischen Reich ausgezogen, um die Völker der Hunnen zu bekehren, die vom Gott des Himmels, das ist von dem gekreuzigten Christus, nichts wüßten. Er sah jedoch ein, daß es ihm nicht vergönnt sein werde, die vorgenommene Reise auszuführen. Deshalb schaute er das Land an: es war sehr gut, lieblich anzusehen, reich an Hainen, wohlversehen mit Wein. Es besaß Eisen in Fülle und Gold, Silber und Purpur im Überfluß; seine Männer waren hochgewachsen und stark, auf Nächstenliebe und Sitte gegründet. Das Erdreich war fruchtbar und brachte üppig Saaten hervor, und der Erdboden schien von Vieh und Herden aller Art fast bedeckt zu sein; Honig und Bienen waren wahrlich in reichlicher Menge vorhanden. In Seen und Flüssen gab es Fische in großer Zahl; das Land war von klaren Quellen und Bächen bewässert und besaß an Salz, soviel es bedurfte. Die Stadt, nämlich Regensburg, war uneinnehmbar, aus Quadern erbaut, mit hochragenden Türmen, und mit Brunnen reichlich versehen; im Norden bespült sie die Donau, die in geradem Lauf gen Osten strömt. Das Bergland war ergiebig an Obst und bot Weiden und saftiges Gras; das Waldgebirge war mit wilden Tieren bevölkert und das Unterholz mit Hirschen, Elchen, Auerochsen, Rehen, Steinböcken und mit Tieren und Wild aller Art.

7 Aber die Bewohner, die erst vor kurzem zum Christentum bekehrt waren, hatten zu jener Zeit den Götzendienst noch nicht völlig

verunt, quia ut patres calicem Christi commune et demoniorum suisque prolibus propinaverunt. Unde superno inspiramine venerabilis pontifex ea quae prospexerat idolatria funditus eradicare decreverat, et cum huius terrae rurem pectoris inhabitantium commendaverit fidei semina, ut in augmentum frumentum iam doctrine consumma- tum conderet horreis, in novissimis gloriosam in loco consequeret mortem, ut regio in qua mora- batur in campum sufficeret certaminis. Haec eo meditante, seque continuo per triennium satage- bat, per urbes infra praedicti principis fines, per opida, per vicos et fidelium domos discurrens, instantissime curae intentus, aliis fidei semina plantabat in pectore, aliis vitia sacacae sermone radicitus ex corpore abscedebat. Contra mites hu- milis apparuit, contra potentes erectus leonis for- titudinem ostendebat, et quicquid, excepto singu- lari habitu, a fidelium reciperat manibus, cum gratiarum actione indigentibus inpertiebat.

Dum haec diutius ageretur, ut poene omnibus huius terrae latibulis doctrina illius perlustrare videretur, vir sanctissimus per spiritum provi- dens finem suae vitae adpropinquantem, ut eum omnipotens Deus a vinculo laboris sui solvens sibi sociare et perenni gaudio remunerare voluis- set, qui intrepidus expectabat, ut robustus genni- cus in certaminis campo, clippeo calippe invisi- bile munitus, sui evocationis ac remunerationis diem; et nihilominus certis temporibus die noc-

bei sich ausgemerzt; denn wie ihre Väter tranken sie mit ihren Kindern aus demselben Kelch die Minne Christi und der Dämonen. Daher beschloß der ehrwürdige Bischof auf göttliche Eingebung, den Götzendienst, den er wahrgenommen hatte, von Grund aus auszurotten, und, nachdem er dem Erdreich der Herzen der Landesbewohner die Saat des Glaubens anvertraut hätte, mehr reife Frucht der Lehre in die Scheuern zu bergen. Zuletzt wollte er dort seinen ruhmreichen Tod finden, und die Gegend, in der er weilte, sollte ihm zum Kampfplatz dienen. Während er dies erwog, war er drei Jahre rastlos tätig, indem er im Gebiet jenes Fürsten durch Städte und Flecken, durch die Dörfer und in die Häuser der Gläubigen hin und wider eilte; mit Eifer widmete er sich der Seelsorge, pflanzte den einen den Samen des Glaubens ins Herz und vom Leibe der anderen tilgte er durch unnachsichtliche Vermahnung die Sünden mit der Wurzel ab. Den Sanftmütigen zeigte er sich demütig, den Mächtigen wies er aufrecht die Tapferkeit des Löwen; alles, was er aus den Händen der Gläubigen empfing, teilte er mit Danksagung an die Bedürftigen aus, ausgenommen ein einziges Gewand.

8 Während er dies lange Zeit tat, so daß seine Lehre in alle Winkel dieses Landes zu dringen schien, sah der heilige Mann im Geiste das Ende seines Lebens herannahen: der allmächtige Gott wollte ihn von den Banden seiner Mühsal erlösen, ihn zu sich nehmen und mit ewiger Freude belohnen. So erwartete er, wie ein starker Wettkämpfer auf dem Kampffeld, unsichtbar mit stählernem Schilde gewappnet, den Tag seiner Abberufung und Belohnung. ließ dabei aber nicht ab, zu den bestimmten

tuque in antiquum hostem orationis mucrone extenso brachio iaculari non cessabat. Coepit namque licentiam a cunctis inhabitantibus poposcere, ut orationis studio ad Romam ire licentiam ei concedere deberent. Erat enim conversabilis supra modum tam cum feminis quam cum viris, quorum sollertem in pectoris venis conditam regebat curam; quibus, ut praevaluit, singillatim inrigabat pectora. Et ubi communis non sufficeret inlata, diligentissima inpertiebatur secreta, ut pene nullum pertransisset, in cuius corde vel scintillam non sereret divinam.

Eo namque tempore praedictus et inluster dux praenotate gentis habebat filiam vocabulo Ota, que suo libidine atque suadente diabolo a cuiusdam iudicis filio nuncupante Sigibaldo fuisset devicta, ita ut in utero conciperet. Coeperunt utrique inter semet ipsos congemiscere, dum iam minime stuprum abscondere potuerunt. Facto invicem consilio, ad sanctissimi viri Haimhrammi episcopi pedibus provoluti sunt, se in stupro deprehensos esse insinuant, et nullo modo cruciatus evadere possent, nisi illius pietatis inspiramine supernus iudex lapsis porrexisset manum. Plus enim, ut peccantium mos est, praesentes poenas pertimescebant quam perpetuae cruciatus animarum. Coepit itaque sanctissimus vir gementium condolere sermonibus, commissum tamen peccatum acriter increpando arguens, animae damnationem pertimescere magis deberent insinuans

Zeiten des Tags und bei Nacht mit ausgestrecktem Arm das Schwert des Gebetes gegen den alten Feind zu zücken. Er begann nun alle Einwohner zu bitten, sie möchten ihm die Erlaubnis geben, um des Gebetes willen nach Rom zu ziehen. Denn er war über alle Maßen leutselig im Umgang mit den Frauen wie mit den Männern und hegte im Innern seines Herzens eifrige Sorge für sie; so sehr er es nur vermochte, benetzte er das Herz jedes einzelnen. Wo aber die öffentlich angewandte Sorge nicht genügte, da teilte er sie aufs sorgsamste im Geheimen aus, so daß er kaum an einem vorüberging, ohne in dessen Herz einen göttlichen Funken zu säen.

9   Zu der Zeit nun hatte der erlauchte Fürst dieses Volkes eine Tochter namens Ota, die durch ihre böse Begierde und auf die Einflüsterung des Teufels von dem Sohne eines Richters, mit Namen Sigibald, verführt und schwanger geworden war. Als sie ihre Fleischessünde nicht mehr verbergen konnten, begannen beide bei sich zu seufzen, und als sie Rat gepflogen hatten, warfen sie sich dem heiligen Mann, dem Bischof Emmeram, zu Füßen. Sie vertrauten ihm an, daß sie sich der Buhlerei schuldig gemacht hätten; sie könnten auf keine Weise dem Tode entgehen, wenn nicht, von seiner Frömmigkeit bewogen, der himmlische Richter ihnen nach ihrem Fall die Hand reichen würde. Denn wie es bei Sündern zu sein pflegt, fürchteten sie sich mehr vor den irdischen Strafen als vor dem ewigen Tode der Seelen. Da sie so sehr klagten, fühlte der heilige Mann sein Mitleid erwachen; doch schalt er die begangene Sünde heftig und hielt ihnen eindringlich vor, sie müßten die Verdammnis der Seele

quam temporalem corporum supplicia. Peniten-
tiae modum his indicans, pietatis manum non
subtrahens, quibus silentio indicans, ut super eum
commissum scaelum mittere deberentur, ut faci-
lius evaderent cruciatos. Praesciebat venerandus
pontifex, ut, si hoc in publicum everteret crimen,
nullo modo his veniam a patre puelle impetrare
potuisset. Tunc se criminis alieni reum fieri optu-
lit, ut ab his flagellum quam pertimescebant everteret.

Accepta a principe licentia, salutatis a cunctis,
tam a duce quam prolibus et satrapum terrae,
egressionis illius tot civitas in funere conversa
est, tam egeni quam locupletes, ne tanti pontificis orbati permanerent. In cuius comitatu clericorum cautela adsecuta est. Erat enim vir sanctissimus prophetiae spiritu plenus; ut legentibus
occasionem subtraham, prosapiam illius inter
multas unam innotesco.

Cum vero ex urbe exiret vir venerandus,
quendam relegiosum presbiterum nomine Wolf-
leicum ad se accerserat; prophetiae spiritu secretum indicans, ait: 'Adtende, dilectissime mi frater, ut ne cui, me vivente, dixeris. Cum enim di-
versis cruciatibus ex cuiusdam crimine vitam
finisse audieris, tunc datur intellegi, ut omnibus
in sacris constitutis ordinibus denuntiare debeas,
ut ne eorum quis ignavie delinquat, ut huius

mehr fürchten als die zeitlichen Strafen des Leibes. Er bestimmte ihnen das Maß ihrer Buße, entzog ihnen aber die Hand der Gnade nicht, sondern wies sie unter dem Gebot der Verschwiegenheit an, die begangene Untat auf ihn abzuwälzen, um leichter dem Tode zu entgehen. Denn der heilige Bischof wußte, daß, wenn diese Untat ruchbar würde, er von dem Vater des Mädchens auf keine Weise Verzeihung für die beiden erlangen könnte. Da bot er sich dar, eine fremde Sündenschuld auf sich zu nehmen, um die Zuchtrute, die sie fürchteten, abzuwenden.

10 Als er von dem Fürsten Urlaub erhalten und allen, sowohl dem Herzog und seinen Kindern wie den Edlen des Landes Valet gesagt hatte, da wurde infolge seines Abschiedes die ganze Stadt in Trauer versenkt, sowohl arm wie reich, darum daß sie ohne einen solchen Bischof verwaist zurückbleiben sollten. In seiner Begleitung zog eine Schar von Klerikern hinterdrein. Der heilige Mann war aber vom Geiste der Weissagung erfüllt; um den Lesern keinen Zweifel zu lassen, will ich eine aus vielen seiner Vorahnungen bekannt machen.

11 Beim Verlassen der Stadt hatte der ehrwürdige Mann einen frommen Priester mit Namen Wolfleich zu sich gerufen; indem er ihm durch den Geist der Weissagung das Verborgene andeutete, sagte er: ‚Gib acht, mein geliebter Bruder, daß du zu keinem etwas davon sagst, solange ich am Leben bin! Wenn du aber hörst, daß ich unter mannigfachen Qualen um jemandes Sünde willen aus dem Leben geschieden bin, dann ist dies das Zeichen, daß du allen, die geweihten Standes sind, verkünden sollst, keiner von ihnen möge aus Kleinmut die Sünde

criminis noxium me iudicet et quasi imitando huius rei exemplo ex suo labetur statu, quia docentium reprehensionem radicitus extirpare depromimus: et quamvis crimine innoxius absistat, tamen exemplis sectantium atque detrahentium in peccato animas fovet, cum se a pravorum exemplis minime abscondit'. Sicque prophetie spiritum eum habuisse nimirum constat, ut relegiosus et praenotatus presbiter post gloriae remunerationis beati pontificis ad cunctis quos reppereri potuit in sacris positis ordinibus, ut sacer prosagine secretum se revelasse testatus est, et huius esset innoxius crimine.

Venerabilis Dei episcopus, ut pollicitus est, apostolorum se simulat quaerendi limina; inconscius tamen non fuerat finem rei quod accederat. Carpendo iter quem praedixerat dierum trium cursum expleverat; ad locum dilectum cum pervenerat, occansionem egredere contulerat. Erat namque in loco fons, qui prospicuas emanabat aquas, ubi victoriae in agone quam optabat certaminis elegerat campum. Se cuiusdam rei quasi expectandi simulat, ut discipulorum mirarentur agmina, cuius rei pontifici cura inesset pectore. Factum est autem, dum praenotati ducis filia in stupro aperte reprehensa fuisset, ita ut patris praesentaretur obtutibus, et coram adstantibus inquisita, quis haec nefandam auderetur commit-

begehen, mich dieser Untat für schuldig zu halten und, gleichsam diesem Beispiel folgend, in seinem Stande wankend zu werden; denn es ist unsere Aufgabe, bei denen, die andere unterweisen, das sträfliche Verhalten mit der Wurzel auszureißen. Es mag aber einer unschuldig sein und sich von Verfehlungen freihalten, und doch durch sein Beispiel die Seelen derer, die ihm folgen, und derer, die mißgünstig sind, verführen, wenn er den Schein der Verworfenheit nicht meidet.' Daher steht es ganz fest, daß er den Geist der Prophetie gehabt hat, und der erwähnte fromme Priester hat es nach der ruhmreichen Belohnung des heiligen Bischofs allen Angehörigen des geweihten Standes, die er finden konnte, bezeugt, der Heilige habe ihm durch seine Weissagung das Geheimnis offenbart, daß er an dieser Sünde unschuldig sei.

12   Der ehrwürdige Bischof Gottes gab vor, er wolle seinem Versprechen gemäß die Schwellen der Apostel besuchen, doch wußte er wohl den Ausgang des Handels, den er begonnen hatte. Von der angekündigten Fahrt hatte er drei Tagereisen zurückgelegt, und als er zu einem Orte gekommen war, den er liebte, bot sich ihm die rechte Gelegenheit, die Welt zu verlassen. Es war nämlich an dem Orte eine Quelle, aus der klares Wasser floß; dort hatte er für den Sieg in dem Kampf, den er wünschte, den Kampfplatz erwählt. Er gab vor, er müsse auf etwas warten, so daß die Scharen seiner Jünger sich fragten, was dem Bischof am Herzen läge. Es geschah aber, daß die Schande der Herzogstochter offenkundig wurde und man sie vor das Angesicht ihres Vaters führte. Da fragte er sie in Gegenwart seiner Umgebung, wer es gewagt hätte, ein solch fluchwürdiges

tere sententiam, ut tanti viri sobolem praesumpsisset cummistione sotiari: illa namque exterrita et nimio pavore perculsa, episcopi se commiscione hoc contegisse professa est. Pater vero, temporalis glorie indomitus, in vehementissimam exarsit iram, ita a suis vix contentus, ut proprias in eam non inmitteretur manus et suam ense prostraretur sopolam.

Dum hoc perficere non posse se cerneret, tunc privavit eam substantiis rebusque omnibus, in exilii damnationem in Ausoniam direxit, in qua damnatione praedicta iam femina usque ad mortis permansit diem. Erat namque ei germanus nomine Lantperhtus, qui dum suae sororis cerneret confusionem, nimio furore repletus, ad suae condamnationem, arrepto comitatu, prout posset suae anime explere nequitiam, velucissimo curso per callem post venerabilem Dei famulum intrepidus iter explicare conatus est, usque dum pervenisset ad villam nuncupantem Helphindorf, in quam caelesti sede beatus episcopus propriam animam martyrio Deo propinare decreverat. Stans vero milex Christi ense praecinctus in certaminis campo, corde intrepidus, diei illius ymnificabat tertiam; in qua domo clippeus parieti infixus erat, super quem suspensis patrocineis, accense lucerne, studiosissimam cum suis fundens orationem.

Audientes autem in choro Deo devotissimi episcopi currentium impetum et sonitum equorum inmensum et clippeorum commotionem, unde

Verbrechen zu begehen, daß er sich erfrechte, die Tochter eines so edlen Mannes zu verführen. Sie aber war von tödlicher Furcht ergriffen und gestand, daß dies durch sträflichen Umgang mit dem Bischof geschehen sei. Da entbrannte ihr Vater, der von ungezähmter Sucht nach weltlicher Ehre beherrscht war, im heftigsten Zorn, und mit Mühe konnte er von seinen Leuten davon zurückgehalten werden, die eigenen Hände an sie zu legen und sein Kind mit dem Schwerte dahinzustrecken.

13 Als er sah, daß er sein Vorhaben nicht ausführen konnte, entzog er ihr all ihr Hab und Gut und schickte sie zur Strafe in die Verbannung nach Italien, und in diesem Bann blieb die Frau bis zum Tage ihres Todes. Sie hatte aber einen Bruder namens Lantperht. Als dieser die Schande seiner Schwester sah, wurde er von wildem Grimm erfüllt, zu seinem eigenen Verderben. Rasch sammelte er seine Begleitung, und um der Bosheit seiner Seele freien Lauf zu lassen, machte er sich ungestüm auf und setzte in eiligem Ritt dem ehrwürdigen Diener Gottes nach. So kam er nach dem Dorfe Helfendorf; an diesem himmlischen Orte hatte der heilige Bischof beschlossen, seine Seele im Martyrium Gott zu opfern. Mit seinem Schwert umgürtet stand der Krieger Christi furchtlosen Herzens auf dem Kampffeld; denn er betete die Terz dieses Tages. In dem Hause war ein Schild an der Mauer befestigt, und auf diesem waren Reliquien aufgestellt; davor waren Lampen angezündet, und mit den Seinen sprach er voller Hingebung das Gebet.

14 Da vernahmen die Leute im Chor des Gott ergebenen Bischofs den Hufschlag und den gewaltigen Lärm heransprengender Pferde und

unus ex his de choro prosiliens ad aditum domui, dum proterva mente cum clippeis et astis infra septa domui intrare multitudinem cerneret, magistri auribus in conspectu condiscipulorum alta voce intulit. Sanctus namque Dei episcopus hilari vultu eorum corda confirmando intulit, dicens: 'Hii qui venerunt non nostrae contemnationis rei, sed per hos remunerare oportet'. Cum autem praedictus puellae germanus frater venerabilem ibi adesse episcopum decernisset, prosiliens ex equo quo sedebat, — erat namque in medio vestibulo petra posita, sicut mos est in equum ascendentium, super quam exiliens, stans virga suffultus, episcopum ad se deduci praeciperat. Dum autem deductum, temporalis gloriae elatus, ex occasione intulit verba, dicens: 'Aie, episcope et gener noster!' Ipse autem Deum testem invocans, se terrenis actibus socerum non habere protestatus est.

Cum haec praedictus princeps audire contempsisset et multis iniuriosissimis et contumeliis in conspectu adstantium verbis in faciem illius iacularet et inproperiis sine numero, quibus honoribus tot tempora honorifice sub duci dictione vitam deduceret, ut tantam contumeliam intulere pontifex non debuisset, ut tanti viri et talisque summi principis filiam libidinosus in exemplum malorum usque ad partum deduceret, caepit nam-

das Klirren von Schilden. Einer von denen im Chor sprang auf und stürzte zum Eingang des Hauses; als er sah, wie der Haufe vermessenen Sinnes mit Schilden und Lanzen in die Umzäunung des Hauses eindrang, rief er es vor den Augen seiner Mitjünger mit lauter Stimme dem Meister zu. Da flößte der heilige Bischof ihren Herzen mit heiterem Angesicht Mut ein und sagte: ‚Die gekommen sind, machen sich durch die Unehrerbietigkeit gegen uns nicht schuldig, sondern wir müssen von ihnen unseren Lohn empfangen.‘ Als sich aber der Bruder des Mädchens vergewissert hatte, daß der ehrwürdige Bischof da sei, sprang er vom Pferde. Es war aber mitten auf dem Vorplatz ein Stein aufgerichtet, wie man ihn braucht, um aufs Pferd zu steigen. Auf diesen sprang er, und, auf seinen Stab gestützt, ließ er den Bischof vor sich führen. Als jener herbeigeführt wurde, brach der Fürst, eingebildet ob seiner vergänglichen Herrlichkeit, in die anzüglichen Worte aus: ‚Heda, unser Bischof und Schwager!‘ Jener aber rief Gott zum Zeugen an und erklärte laut, daß er durch keine irdischen Handlungen einen Schwager besitze.

15 Der Fürst schenkte dem kein Gehör und schleuderte ihm vor den Umstehenden viele schmähliche Schimpfworte ins Gesicht und überhäufte ihn mit Vorwürfen: so lange habe er in hohen Ehren unter der Herrschaft des Herzogs gelebt und hätte ihm darum als Bischof nicht die Schmach antun dürfen, daß er die Tochter eines so edlen Mannes und erhabenen Fürsten zum schlechten Beispiel für die Bösewichter zügellos verführte, so daß sie schwanger wurde. Darauf begann der heilige

que sanctissimus vir Dei episcopus hilari vultu, modestis et pacifacis verbis excusationem inferre, dicens: 'Ad Romam me iturum promisi, limina supplex quaerendi apostolorum principis Petri, cuius ecclesiae euangelica auctoritate fundata esse dinoscitur; cuius sub mundi thalamo censorem adesse dubium non est, qui Deo augtori Petri successit in honorem, apostolicus vir et sanctissimus, tenet primatum, in sacris constitutus ordinibus. Mitte quemvis prudentem mecum pariter, ut depraesentetur in conspectu tanti pontifici hac de re sententia, et ibi normaliter diiudicer, ne huius reus appaream criminis. Ex caritatis causae tibi consilium do, — sed scio te eum non recepisse —, non quod cruciatos tuos pertimescam, sed tuae damnationis magis condoleo, quia animae detrimentum patere iam dubium tuae non est'.

Contumaxque tyrannus veritatis verbis colla subponere dispexit; ut veri luminis caecatus mente, clausis oculis cordis, arrepto baculo, cui suffultus incumberet, infigere in pectore tanti et talis Dei episcopi non metuens, et statim adsequentibus praecepit, ut in eum manus iniecerent. Clericorum illius cum haec cerneret cautela, pavore inmenso exterriti, per latebras domorum velamine se subposuerunt, imitantes, quod de Veritate iam olim prophetae vaticinio intulerat:

Mann und Bischof Gottes mit heiterem Antlitz und mit bescheidenen und friedfertigen Worten seine Entschuldigung vorzubringen und sagte: ‚Ich habe gelobt, nach Rom zu gehen, und demütig betend die Schwelle des Apostelfürsten Petrus zu besuchen, dessen Kirche, wie wir wissen, auf die Vollmacht des Evangeliums gegründet ist. In deren Brautgemach ist gewißlich der Richter der Welt zu finden, der nach Gottes Willen dem Petrus im Amt nachgefolgt ist; er ist ein apostolischer und heiliger Mann und nimmt unter den Angehörigen des geweihten Standes den obersten Rang ein. Schicke mit mir zusammen einen erfahrenen Mann, und dann werde vor dem Angesichte jenes hohen Bischofs dieser Fall vorgebracht und dort nach der kirchlichen Vorschrift über mich Recht gesprochen, damit ich nicht schuldig an diesem Frevel erscheine. Aus christlicher Liebe gebe ich dir diesen Rat — aber ich weiß, du nimmst ihn nicht an —, nicht weil ich deine Martern fürchte. Vielmehr habe ich Mitleid mit deiner Verdammnis; denn es besteht kein Zweifel, daß du Schaden an deiner Seele erleidest.‘

16 Halsstarrig verschmähte es der Tyrann, vor den Worten der Wahrheit den Nacken zu beugen; er war in seinem Sinn blind für das wahre Licht, und die Augen seines Herzens waren verschlossen. So ergriff er den Stab, auf den er sich gestützt hatte, und während er sich nicht scheute, ihn dem erhabenen Bischof Gottes vor die Brust zu stoßen, befahl er sogleich seinem Gefolge, Hand an ihn zu legen. Als die Schar seiner Kleriker dies sah, wurden sie von gewaltiger Furcht erschreckt und versteckten sich in den Schlupfwinkeln der Häuser; so verhielten sie sich, wie es schon in alter Zeit die Weis-

Percutiam, inquid, pastorem, et dispergentur oves gregis. Militum vero praesulis non modica turma agriter iniecentes manus in sanctum Dei episcopum, ut furentis temporalis domini animum mitigare potuissent. Ex imperio principis expoliatum clamide et stolae, in ospiti sui scuriam, ubi grana condere videbatur, deductus est. Scale superpositus, funibus alligatus, inter spatia membrorum abscisione, ut potuit, maximas Christo fundebat preces, dicens: 'Domine Iesu Christe, qui manus in cruce misisti, de tuo sanguine me redemisti, tibi maximas refero gratias, qui me de tot regionibus ad hunc locum deducere dignatus es et huius innoxium criminis tui amoris disponis fundere sanguinem'.

Eo namque orante, quinque electi sunt, qui eius membra sectionibus absciderentur. Quorum duo tremefacti, pallida facie ex archana cordis praetulerunt verba, dicentes: 'Domine Iesu Christe, huius sanguinem manibus nostris non requiras. Tu enim scis, non nostra sponte, sed imperio coacti nos hoc agere, quod acturi erimus'. Sanctissimus vero Dei famulus, eorum ut vidit corda, dicens: 'Domine, retribue illis secundum cor illorum!' Reliqui autem qui aderant carnificum tres impietatem cordis aperto testimonio eructuant, dicentes: 'Cur non crudeliter manus

sagung des Propheten von der Wahrheit ver-
kündet hatte: ‚Ich werde‘, sagt er, ‚den Hirten
schlagen, und die Schafe der Herde werden sich
zerstreuen.‘ Eine nicht geringe Schar von Krie-
gern des Fürsten aber legte gewaltsam Hand
an den heiligen Bischof Gottes, um den Sinn
ihres wütenden zeitlichen Herren zu beschwichtigen. Auf den Befehl des Fürsten wurde ihm
das Obergewand und die Stola heruntergeris-
sen, und er wurde in die Scheuer seiner Her-
berge geführt, wo man gewöhnlich die Körner
aufbewahrte. Er wurde auf eine Leiter gelegt
und mit Stricken festgebunden. Während ihm
die Glieder abgeschnitten wurden, richtete er
dann und wann, wie er konnte, ein inbrünsti-
ges Gebet an Christus und sprach: ‚Herr Jesus
Christus, der du die Hände auf das Kreuz gelegt hast, du hast mich mit deinem Blute erlöst,
dir sage ich den höchsten Dank, daß du mich
von all den vielen Ländern zu diesem Ort hast
führen wollen und in deiner Liebe das Blut
vergießen lässest, das unschuldig ist an dieser
Sünde.‘

17   Während er also betete, wurden fünf dazu bestimmt, seine Glieder stückweise abzuschnei-
den. Von diesen gerieten zwei in Furcht und
stießen mit bleichem Antlitz aus tiefem Herzensgrund die Worte hervor: ‚Herr Jesus
Christus, heische nicht das Blut dieses Mannes
von unseren Händen. Denn du weißt, daß wir
nicht aus freien Stücken, sondern unter dem
Zwang des Befehls tun, was wir tun werden.‘
Als der heiligste Diener Gottes ihre Herzen
sah, sprach er: ‚Herr, vergilt ihnen nach ihrem
Herzen!‘ Aber die drei übrigen Schinder, die
dabei waren, legten die Verruchtheit ihres Herzens offen an den Tag, indem sie sagten:

in eum inmittere debemus, qui inpudenter libi-
dinis sui fomite se tanti viri sobulam manus inie-
cit, ita ut in exemplum longe lateque doceatur in
feminis iniectis manibus?' Statim digitorum sum-
mitates commassent membratim; deinde, ut furentis viri urguerat imperium, oculos ab imo
capite radicitus eruerunt; deinde, abstracto nare,
utrosque aures, ut crudelissimi viri et puellae
fratri mitigarent animum.

Inter tot cruciatos sanctus Dei martyr, quasi
prospicuus fons manandi studium suum non
cessari intermittit, ita ymnificans Deum psal-
modiae non cessebatur. Factus namque est
in agone ex superna virtute robustus, ut adstantibus nec gemitus aures commovisset, sed hilari
vultu, sincera mente Deo, ut diximus, indesinenter fundens preces. Tunc nec poenis torquentium
videbatur sufficere, pedes utrosque cum palmis,
prius evacuatis articulis, abscidentes, tanti alti-
Deo throni martyris genitalia inpudenter abstra-
here veriti no sunt, cuius quamvis modica vox
in Dei perseverans laudibus, nihilominus anela-
bat Daviticum carmen. Cum tot poenis adflictus,
membrorum conpagine solutum prospexissent,
solius linguae invidentes ministerium, cuius ori
ferrum inponentes, ex palato beati Dei martyris

St. Emmeram, den Arm Heinrichs II. stützend
Ausschnitt aus dem Sakramentar Heinrichs II.
Regensburg 1002/1014 (München, Bayer. Staatsbibl. Clm 4456)

Emmeram-Relief
in der Vorhalle der Emmerams-Kirche in Regensburg
um 1052

‚Warum sollen wir nicht grausam Hand an ihn legen, der schamlos in der Glut seiner Unkeuschheit an das Kind eines solchen Mannes Hand anlegte? Darum soll man sich an diesem Beispiel weit und breit eine Lehre nehmen, was mit den Händen geschieht, die an Frauen gelegt werden.' Sogleich ‚verzierten' sie gliedweise seine Fingerspitzen; danach rissen sie ihm, wie der Befehl des wutschnaubenden Mannes es verlangt hatte, die Augen mit der Wurzel tief aus dem Kopf; danach schnitten sie die Nase und die beiden Ohren ab, um den Sinn des grausamen Mannes, des Bruders des Mädchens, zu beschwichtigen.

18 Unter all diesen Martern ließ der heilige Märtyrer Gottes nicht ab, singend Gott zu preisen, so wie ein klarer Quell nicht aufhört rastlos zu sprudeln. Denn er wurde bei seinem Kampf durch Kraft von oben gestärkt, so daß die Ohren der Umstehenden auch nicht ein Seufzen traf, sondern er betete mit heiterem Antlitz und aufrichtigem Herzen unablässig zu Gott, wie wir gesagt haben. Da schien es den Folterknechten nicht genug der Qualen zu sein, sondern nachdem sie beide Füße und die Hände, die schon vorher der Fingerspitzen beraubt waren, abgeschnitten hatten, scheuten sie sich nicht, schamlos die Geschlechtsteile dieses großen Märtyrers des hochthronenden Gottes wegzureißen. Dennoch hielt seine Stimme, wiewohl leise, im Lobe Gottes aus und hauchte trotz allem das Lied Davids. Als sie ihn mit so vielen Qualen geschlagen und das Gefüge der Glieder aufgelöst sahen, da mißgönnten sie auch noch der Zunge ihren Dienst; sie setzten das Eisen an seinen Mund und entrissen sie dem Gaumen des seligen Märtyrers Gottes. So ließen sie das

trucidabant; relicto capside, evacuatis membris, abierunt. Remansit autem in certaminis campo cruore involutus victor triumphi exultans.

His abeuntibus, ad venerabilem Dei martyrem ex latebris et frutectis et aedificiorum angulis clericorum coors illius cum vicinis mulieribus ad eum adunate sunt. Sanctus Dei et glorio- sus martyr adstantibus sibimet ad refoci- landum aquam poscebat. Tunc relegiosus suus presbyter et interpres, cuius superius mentionem fecimus, nomine Vitalis, ex magistri cruciatibus dolore redactus flebili, dicens: 'Quidnam refoci- lari vis, evacuatus truncusque cum tot ornamen- tis membrorum deesse dinosceris? Melius namque, ut mihi videtur, mori te adopta, quam tantis contumeliis adflictus vivendi studium conaberis'. Tunc Dei martyr, ut vidit subiecti sui animum terrenis actibus magis pudicum, quam expedisset, collectu spiritu, abscise linguae verba, ut potuit, explicaverat, dicens: 'Numquid inriguae mentis tuae ad memoriam redit, sepe me dixisse, ut quis- piam ad mortem festinare minime debere, sed magis optando differre, ut potest piis intercessio- nibus faciem praeoccupare Domini, ut detur spa- tium infirmis ad penitendum, que perpetraverat infirmitas humana? An pigritiae tuae grave videtur, ut cruentum refrigeres pectus? Sed nunc temporalem vitae tuae praeponam tibi poenam, ut quocumque die aliquid potandi genus ori tuo

Behältnis übrig, das der Glieder beraubt war, und gingen hinweg. Auf dem Kampfplatz aber blieb, vom Blut überströmt, der Sieger zurück, der über seinen Triumph jauchzte.

19 Als jene weggegangen waren, da fand sich bei dem ehrwürdigen Märtyre. Gottes die Schar seiner Kleriker aus ihren Verstecken, aus dem Gebüsch und aus den Winkeln der Häuser wieder ein, und die Frauen aus der Nachbarschaft liefen herbei. Der Heilige Gottes und ruhmreiche Märtyrer bat die Umstehenden, ihn mit Wasser zu erquicken. Da sprach sein frommer Priester und Dolmetscher namens Vitalis, den wir oben erwähnt haben, vom Schmerz über die Qualen des Meisters ergriffen, unter Tränen: ‚Wozu willst du erquickt werden, wo du doch nur noch ein verstümmelter Körper ohne allen Schmuck der Glieder bist? Mich dünkt, du solltest eher deinen Tod herbeiwünschen als, von solcher Schmach betroffen, danach trachten weiterzuleben.‘ Als der Märtyrer Gottes den Sinn seines Untergebenen mehr als ersprießlich in irdischen Dingen befangen sah, sammelte er seine Geisteskraft und sagte, indem er sich mit der abgeschnittenen Zunge, so gut er konnte, verständlich machte: ‚Kommt es deinem starren Sinn wieder ins Gedächtnis, daß ich oft gesagt habe, man dürfe nicht eilig dem Tode zustreben? Man muß ihn vielmehr hinauszuschieben wünschen, damit man durch fromme Fürbitten das Antlitz Gottes gnädig stimmen kann, auf daß den Schwachen Frist gegeben werde zu bereuen, was menschliche Schwachheit verübt hat? Scheint es etwa deiner Trägheit beschwerlich, die blutige Brust zu laben? Aber jetzt will ich dir für die Zeit deines Lebens eine Strafe auferlegen: an welchem Tage immer du irgend-

propinaveris, a pristino sensu alienus efficeris: non damnum alicui inferas, sed inoboedientibus in exemplum permaneas'.

Sicque factum est, ut sermo sancti viri et Dei martyris in veritate permansisset, quod praedictus presbyter Vitalis in ea civitate, qua corpus Christi martyris fuerat deductus, diu et dies multos post magistri obitum vixerat, et quamdiu ieiunabat, peritia suaeque sententiae eximiae viventibus praebebat exemplum, ut poene nullus praeterisset dies, in quo missarum sollemnia cum psalmodia hymnificando non conplesset laudem, utpote indagando vestigia magistri in arduam huius evi callem insudando; ut poli culmine scandisse dubium non est, quia elimosynarum erat studiosus; et quod vires implere non potuit, voluntatem tamen indigentibus non abstraxit: orationis et vigiliis non mediocriter intentus, caritate et hospitalitate insignis.

Sed tamen, ut diximus, magistri verba usque ad obitum suum conplesse certum est. Cum a perfecto ieiunio certis temporibus sui corporis alimentum, cuiuscumque poti genus in ore percipisset, statimque pristino alienatus sensu, a spiritu inmundo correptus, commutata facie, voce et stridoribus inmensis huc illucque discurrens, per plateas orbis, per terrarum foragines, per disruptam petrarum, per monumenta mortuorum. per diversa spatia locorum nefandis verbis et turpis perstripebat sermonibus, et tamen nemini

ein Getränk zum Munde führst, sollst du deinen früheren Verstand verlieren; du sollst niemandem etwas zuleide tun, aber für die Unge-
horsamen dauernd ein warnendes Beispiel sein.'

20   Und so geschah es: der Ausspruch des heiligen Mannes und Märtyrers Gottes bewahrhei-
tete sich ständig. Denn der genannte Presbyter
Vitalis lebte in der Stadt, in die der Leib des
Märtyrers Christi gebracht worden war, gar
viele Tage nach dem Tode seines Meisters. Solange er nun fastete, gab er durch die Bewäh-
rung seiner ausgezeichneten Gesinnung den
Lebenden ein Beispiel; auch verging fast kein
Tag, ohne daß er die Feier der Messe und den
Psalmengesang hielt; so folgte er den Spuren
seines Meisters nach und mühte sich auf dem
steilen Pfad dieser Zeitlichkeit. Darum ist kein
Zweifel, daß er zur Höhe des Himmels aufge-
stiegen ist, denn er war eifrig im Almosen-
spenden, und wo seine Kräfte nicht ausreichten,
entzog er den Bedürftigen doch nicht den guten Willen; er gab sich fleißig dem Gebet und
den Nachtwachen hin und zeichnete sich durch
Nächstenliebe und Gastfreundlichkeit aus.

21   Dennoch ist es, wie schon bemerkt, gewiß,
daß er die Worte seines Meisters bis zu seinem
Tode erfüllen mußte. Wenn er nach beendetem
Fasten zu gewissen Zeiten Nahrung des Leibes
und irgendein Getränk in den Mund genommen
hatte, wurde er sofort seines früheren Verstandes beraubt und von einem unreinen Geist ergriffen; er rannte mit verzerrtem Gesicht und
laut schreiend umher, auf den Plätzen der
Stadt, durch die Klüfte der Erde, über steile
Felsen, zwischen den Gräbern der Toten und
lärmte an verschiedenen Orten mit abscheuli-
chen Worten und schändlichen Reden, doch tat

inferens damnum. Aliquotiens eum per altitudine turrium gradere contigit, et praecipitium sui corporis minime pertulit, usque dum sui evocationis conplesset diem.

His namque transactis, incole huius loci, collectis abscisis sacri martyris membris, in quodam arbore vulgari locutione spine albe condentes abierunt. Erat namque a multis medicis devulgatum, ut cuiuslibet abscisa membra et sub humo proiecta, ut huius truncus a nullius medicis arte sanitatis recuperationem consequeretur. Sed haec fidelibus in exemplum trahendum non est, sed magis propheticum imitare testimonium, ut iactet curam suam in Deum, et ipse eum enutriet.

Eadem namque die, non longo intermisso spatio, duo ignoti atque pulcherrimi viri, equitantes per puplicam callem, a quibusdam arantibus in agro de sacris sancti martyris membris inquirentes, dum diutis circitarent, innotuerunt, quod in quendam arborem summissi essent. Cunctis agri culturis videntibus, ad eum locum se declinantes, et amplius ab his visi non sunt, ut tanti huius rei testes sunt, quanti habitatores huius loci existunt. Et qui ammiratione perculsi de his incognitis viris et de disparitione eorum, pergentes ad arborem, sed ea quae posuerunt sancti martyris membra minime invenerunt. Res namque mira et nostris temporibus valde stupenda, quia adhuc incognita humanae permanet infirmitati, a quibus sublata vel ubi deportata

er niemandem etwas zuleide. Es geschah auch einige Male, daß er auf hohe Türme stieg, doch hat er keinen Sturz erlitten, bis er den Tag seiner Abberufung vollendete.

22 Nachdem dies geschehen war, hoben die Einwohner jenes Ortes die abgeschnittenen Glieder des heiligen Märtyrers auf, verbargen sie unter einem Baum, den das Volk Weißdorn nennt, und gingen hinweg. Denn es wurde von vielen Ärzten gelehrt: wenn jemandes abgeschnittene Glieder mit Erde bedeckt würden, könnte sein verstümmelter Leib ohne eines Arztes Kunst die Wiederherstellung seiner Gesundheit erlangen. Doch das sollen die Gläubigen nicht zur Richtschnur nehmen, vielmehr dem Zeugnis des Propheten folgen: Es werfe einer seine Sorge auf Gott, und er wird ihn ernähren.

23 An demselben Tage aber, nach einer kurzen Weile, ritten zwei unbekannte und wunderschöne Männer die Straße entlang und fragten einige Pflüger auf dem Felde nach den geweihten Gliedern des heiligen Märtyrers, und als sie länger umhersuchten, bemerkten sie, daß sie unter einem Baum verborgen waren. Vor den Augen aller Landleute wandten sie sich zu dem Ort; danach wurden sie von ihnen nicht mehr gesehen, und es gibt für diese Begebenheit so viele Zeugen wie Einwohner jenes Ortes. Voller Verwunderung über diese unbekannten Männer und ihr Verschwinden gingen sie zu dem Baum, aber die Glieder des heiligen Mannes, die sie niedergelegt hatten, fanden sie nicht. Ein wunderbares und für unsere Zeit ganz unerhörtes Ereignis, daß der menschlichen Schwachheit bis heute unbekannt geblieben ist, von wem sie weggenommen und

fuissent! Sed quid ex his quae praediximus
membris sentiendum sit, ignoro, nisi per divinam
dispensationem hoc fuisset: datur intellegi, quibus fuisset dignus sanctus martyr meritis, cum
cruenta et secta ab se, adhuc eo vivente, membra,
per cognitionem divinam ab eo loco asumpta, sub
gloriae honoris condisse dubium non est, et tamen, ut diximus, hominibus incognita permanent.
Sed idcirco ea membra a Veritatis tramite devias-
sent existimo, et per suos actos capite invisibili,
qui est Christus, subministrantes, remotis propriis voluptatis, pauperibus praebentes famulatum, intrepide pro Christum contumeliis affecti,
ut eorum spes et caput, quae erat Christus, ad
aedificationem viventium, ne sperantia in se
membra, ut digna erant, providisset sub honore;
et propterea ab incognitis detulta viris in capitis
cognitione, id est divinitatis, condere non me-
diocri gloriae dubium non est. Res autem habitan-
tibus innotuit membrorum, ita ut eis in stuporem
verteretur, et quamvis parum, tamen apertis oculis eius agnoscentes sanctitatem.

Tunc viri qui erant beatum et Deo devo-
tissimum episcopum Haimrammum et gloriae
martyrii triumphum ex certaminis campo, id est
ex area, quae tunc frumenti praetiosiore marga-

wohin sie gebracht worden sind! Ich weiß jedoch nicht, was man über diese Glieder denken soll, wenn nicht alles dies durch göttliche Fügung geschah: daran kann man sehen, welcher Verdienste der heilige Märtyrer würdig war, denn es besteht kein Zweifel, daß die blutigen und von ihm abgeschnittenen Glieder, während er noch am Leben war, auf Grund göttlicher Offenbarung von dem Ort weggenommen und mit herrlichen Ehren beigesetzt worden sind; den Menschen jedoch bleiben sie verborgen, wie wir gesagt haben. Darum ist dies meine Meinung: Diese Glieder hätten sich ja von dem Pfade der Wahrheit entfernt — nachdem sie durch ihre Taten dem unsichtbaren Haupt, das da ist Christus, gedient, nachdem sie unter Verzicht auf eigenes Vergnügen den Armen Liebesdienste erwiesen, nachdem sie unverzagt um Christi willen Schmach erduldet haben, wie ihre Hoffnung und ihr Haupt, das Christus war, und dies alles zur Erbauung der Lebenden — also hätte er sich der Glieder, die auf ihn hofften, nicht so mit Ehren angenommen, wie sie es verdienten. Darum ist es nicht zweifelhaft, daß sie von den unbekannten Männern auf Grund der Offenbarung des Hauptes, das ist der Gottheit, weggenommen und zu nicht geringer Herrlichkeit beigesetzt worden sind. Die Begebenheit mit den Gliedern aber wurde den Einwohnern bekannt, und so gerieten sie in Staunen; die Augen wurden ihnen ein wenig aufgetan, und sie erkannten seine Heiligkeit.

24 Da hoben die anwesenden Männer den heiligen und Gott ergebenen Bischof Emmeram und den herrlichen Triumph seines Martyriums von dem Kampfplatz auf einen Wagen, von jener Tenne, die mit den Körnern gereinigten Wei-

retis purgati tritici, id est cruore, consparsa deiacebat, ponentes subin plaustro, arrepto tramite, reducentes, distinantes certatim ad villam publicam nuncupantem Aschaim, distantem miliario fere duodecimo, ubi ecclesia beati Petri apostoli moeniis constructa esse videbatur, ut tantum virum et Dei martyrem illuc deducere deberentur, ne ut in eorum vilia aedifitia vitalem finiret flatum; quia quamvis in eorum oculis prius no tantum dispectus, sed etiam nece submissus fuisset, tunc in magnam, ut dignus erat, venerationem decreverat. Sed et mulieres ex vicinis locis cum ducentibus viris pietatis viscera commote, girantes plaustrum ob veneratione martyris Christi in comitatu secutae sunt. Cum autem pervenissent in partibus campestriae, distante a praedicto loco, ubi tendere videbantur, miliario tertio, tunc venerandus Dei martyr voci, ut potuit, quamvis incondite heiulare coeperat, innuens, quod ora remunerationis in caelestibus eius eum locum praeterire non deberetur. Unus ex his qui erant inspiratione divina ceteris quasi subiectis imperans, ut eum de plaustro quo iacebat deponerentur; qui subito deponentes, in amoeno gramine submiserunt in campestriae desertae planitae. Sicque factum est, cum sancta illa anima de corpore exiret, ut, cunctis qui aderant videntibus, quasi inmense lampadis lux ex ore sancti viri processisset in alta tramitis, remoto aere, in celestibus penetraret, ita ut ingressiones sue splendor faciem praesentium fulmina-

zens, köstlicher als Perlen, nämlich mit Blut besprengt, dalag. Sie machten sich auf den Weg und führten ihn zurück, indem sie eilends die etwa zwölf Meilen entfernte Villa Aschheim zu erreichen suchten, wo sich eine gemauerte Kirche des heiligen Apostels Petrus befand. Dorthin wollten sie diesen großen Mann und Märtyrer Gottes bringen, damit er nicht in ihren elenden Hütten den Lebensodem aushauche; denn obwohl er vorher vor ihren Augen nicht nur verächtlich behandelt, sondern sogar dem Tode überantwortet worden war, erkannten sie ihm jetzt die Verehrung zu, die ihm gebührte. Aber auch die Frauen aus den benachbarten Orten schlossen sich, von Erbarmen gerührt, aus Verehrung für den Märtyrer Christi den Männern, die ihn führten, an und umringten den Wagen. Als sie aber zu einem ebenen Platz, drei Meilen von dem genannten Ort, dem sie zustrebten, entfernt, gekommen waren, da begann der ehrwürdige Märtyrer Gottes mit formloser Stimme, wie er es eben konnte, aufzuschreien, um dadurch anzudeuten, daß die Stunde seiner Belohnung im Himmel nicht zuließ weiterzugehen als bis zu diesem Ort. Einer von denen, die dabei waren, befahl auf göttliche Eingebung den übrigen, als wären sie seine Untergebenen, sie sollten ihn von dem Wagen, auf dem er lag, herabnehmen; diese hoben ihn sofort herunter und legten ihn in das schöne Gras auf dem einsamen Felde. Und als diese heilige Seele den Leib verließ, geschah es, daß alle Dabeistehenden sahen, wie ein Licht gleich dem einer gewaltigen Fackel aus dem Munde des heiligen Mannes hervorging; in hohem Fluge trat sie in den Himmel ein, indes die Luft zur Seite wich, und der Glanz ihres Hin-

ret. Eo iam emisso spiritu, cunctis pavor inruit, ita tremore perculsi, ut vix tanti viri corpus in plaustrum sublevare auderentur.

Sed huius loci miraculum, ut mihi videtur, silentio tradendum non est. Erat namque incultus per spatia annorum innumera et quasi oblivione traditus, quod talem ex se Deo propinasset animam. Sed cunctis incolis per girum praeclaruit in signum, quia, ut mos est Germaniae, ut faciem suam inmense nivium effusione veletur per totum gemalem tempus, ita ut in cubitis altitudine decrescat, sed eo loco minime permansit, ut quis praetereuntium quamvis parum permansisset, et in vernalis decore et amoenitate totum permansit annum. Sicque factum est, quasi ut locus excusationem inferret, ut imbrium atque procellarum turbine et elimentorum dicione subicere non debuisset, qui angelorum spirituum suae praesentiae in tanti Dei martyris anime egressionis fuisset consecratus. Erat enim secus locum quadruvius, ita ut a multis praetereuntibus huc illucque in miraculum decrevisset; et dum subtilius a nonnullis percommorantium in circuitu fuisset sciscitatum tam ammirabile signum, statimque per quadruvium his qui tunc aderant ad memoriam rediit, quod in eo sancti Christi martyris Haimhrammi anima exuta huius exilii

eingehens erhellte die Gesichter der Anwesenden wie ein Blitz. Als er aber den Geist auf-
gab, befiel sie alle Furcht, und sie waren vom
Schrecken so erschüttert, daß sie kaum wagten,
den Leichnam eines solchen Mannes auf den
Wagen zu heben.

25 Ein Wunder dieses Ortes darf jedoch, wie mir
scheint, nicht dem Stillschweigen anheimfallen.
Er wurde nämlich ungezählte Jahre hindurch ver-
nachlässigt, und es war gleichsam in Vergessen-
heit geraten, daß er aus sich eine solche Seele
Gott dargebracht hatte. Dennoch gelangte der
Ort bei allen Einheimischen im Umkreis als ein
Wahrzeichen zu Berühmtheit; denn während
Deutschland gewöhnlich die ganze Winterszeit
über sein Angesicht mit ungeheurem Schneefall verhüllt, so daß der Schnee bis zu einer
Elle anwächst, blieb er hier garnicht liegen;
und ein jeder, der vorüberging, verweilte wenigstens kurze Zeit, und der Platz erschien das
ganze Jahr in Frühlingspracht und Lieblichkeit. So geschah es, daß sich der Ort gleichsam
auf eine Vergünstigung berief, daß er dem To-
ben des Regens und der Stürme und der Macht
der Elemente nicht unterliegen müsse; war er
doch durch die Anwesenheit der englischen
Geister beim Auszug der Seele eines solchen
Märtyrers Gottes geweiht worden. Es war nun
nahe bei dem Ort eine Wegkreuzung, und deshalb verbreitete sich das Mirakel durch die
vielen, die dort vorüberkamen, landauf landab;
und als von einigen, die hier verweilt, einem
so wunderbaren Zeichen nachgeforscht wurde,
erinnerten sich die damals Anwesenden, wenn
die Rede auf die Wegekreuzung kam, sogleich,
daß dort die Seele von Christi heiligem Märtyrer Emmeram die Fesseln dieser Fremde ab-

nexibus alta poli penetrasset. Tunc commorantes in circuitu suae collectionis ecclesiam eidem
martyri in honore in eodem loco construxerunt,
in qua non mediocriter innumera ex merito martyris clarescunt signa.

Dum huius loci mentionem inferimus, mira
mirandis succedunt, quod ad memoriam rediit,
unde longe superius ex sancti viri sententiam
praetulisse me comperio, de carnificum verbis,
quod silere minime licere me suspicio. Quorum
duo dignas Deo fundentes praeces, ut superna
provideri hoc dignaretur pietas, quod non proprio sponte, sed imperio coacti tantum et Dei
episcopum suis manibus poenam inferendi mittere debuissent, ut huius sanguinem ab his in die
iudicii non deberetur requerere. Et dum vir Dei
eorum ut vidit corda, de his in semet ipso con-
pescuit, dicens: 'Domine, retribue eis secundum
fidem illorum'; sicque peractum est, ut hii in
pacis tranquillitate suae evocationis expectarent
diem.

Reliqui vero tres extorquentium, ut praediximus-
mus, qui suae crudelitatis, in eum contumaci-
ter manus inponebant, zelo diabolico succensi,
inproperantia et contumeliosa verba in faciem ei
mittere non pertimescebant: in eorum damnatione miseris actio nequissima non sufficeret, nisi
in augmentum nequitiam cordis ad aditum oris
inproperando perducerent, unde veritatis proba-
tur sententia, ut ex cordis abundantia os loquere
non desisteret. De quibus infra spatia septem

gestreift hatte und in die Himmelshöhen einge-
gangen war. Da erbauten die Umwohnenden in
gemeinsamer Arbeit diesem Märtyrer zu Ehren
an dem Ort eine Kirche, in der durch sein
Verdienst ungezählt viele Wunderzeichen erstrahlen.

26 Während wir diese Stätte erwähnen, folgt
ein Wunder auf das andere; denn ich erinnere
mich an etwas, worüber ich ja viel weiter oben
den Ausspruch des heiligen Mannes berichtet
habe, nämlich an die Worte der Henkers-
knechte, von denen ich, glaube ich, nicht schwei-
gen darf. Von diesen hatten zwei in rechter
Weise zu Gott gefleht, daß die himmlische
Gnade darauf herabblicken möchte, wie sie
nicht aus freien Stücken, sondern unter dem
Zwang des Befehls bei der Bestrafung von Gottes Bischof ihre Hände an ihn gelegt hätten,
und daß sein Blut am Tage des Gerichts nicht
von ihnen gefordert werden möge. Als der
Mann Gottes ihre Herzen sah, wurde er gegen
sie mildgestimmt und sagte: ‚Herr, vergilt
ihnen nach ihrem Glauben'; und so geschah es,
daß diese in friedlicher Ruhe auf den Tag
ihrer Heimholung warteten.

27 Die anderen drei Peiniger, die, wie wir oben
gesagt haben, trotzig ihre grausamen Hände an
ihn legten, scheuten sich, von teuflischem Eifer
entflammt, nicht, ihm Vorwürfe und Schimpfworte ins Gesicht zu schleudern: zu ihrer eigenen Verdammnis hatten die Unseligen nicht
genug an dem verruchtesten Tun, sie mußten
obendrein der Bosheit des Herzens in Schelt-
worten Luft machen. Dadurch wird das Wort
der Wahrheit bestätigt: daß der Mund nicht ab-
lassen wird zu sagen, wes das Herz voll ist. Mit
diesen nahm es innerhalb von sieben Tagen

dierum peractum est, ut unusquisque eorum inmundo prostratus esset spiritui, et tam diu vexati
et usque ad hoc perducti, ut intempesta noctis ad
aditum aedifitiorum unusquisque in impetu spiritui inmundi prosilientes, relicto tramite, ut erant
digni, ad deserta confugientes, per cacumina
montium, per ima et convallium, per loca inha-
bitabilia et humani fragilitati incognita discur-
rentes, ita ut infirmorum cadavera nullo ulterius
comparuisse comprobatur. Quidnam de his aliud
sentiendum est, nisi superno aequitatis iudicio,
qui impietatis eorum animo ferocissimo tam lo-
quendo quam perficiendo in tantum sacerdotem
eorum cordis nequitiam explere non verebant,
ut in damnationem eorum mens feris comparare
deberetur, ut proprio mente alienati eorum corporibus ipsi sibi damnum inferrent? Quid enim
de sanctis viris dicendum est, nisi apostolicum
illum testimonium, qui ait: An nescitis, quia
templum Dei estis et Spiritus sanctus habitet in
vobis? Unde recte subiungitur, ut violatores huius
templi a Deo disperderentur.

De qua dispersione comprobatur de eorum
temporali domno Lantpertho, ut nihilominus dis-
perderetur; quam ut suae damnationis in exilio
vitam finiret, et sic in posteris pro- et nepotibus
eius tanti viri vindicaretur sanguis, ut et radicitus hos exterminaret, ita ut eorum quis non
remaneret. Et ubi tam eminentia eius edificia
caeteris praeminebant, in quibus suae confusionis
gloriabat, modo ortica et platanus expansis foliis

Martyrium des Hl. Emmeram
E-Initiale, fol. 107 des Cod. bibl. fol. 56
1. Hälfte des 12. Jhdts. Hirsau

St. Emmeram
Gosselding bei Landau a. I. (Nb.)
2. Hälfte des 14. Jhdts.

ein schlimmes Ende. Ein jeder von ihnen wurde von einem unreinen Geiste überwältigt, und sie wurden so lange gepeinigt und so weit getrieben, daß sie mitten in der Nacht in einem Anfall des unreinen Geistes zur Tür ihrer Häuser hinaussprangen. Ohne Weg und Steg, wie sie es verdienten, flohen sie in die Einöde, über Bergesgipfel, durch tiefe Täler, und irrten durch unbewohnbare und der menschlichen Hinfälligkeit unbekannte Örter, und es steht fest, daß die Leichname der Besessenen niemand wieder gesehen hat. Was anders könnte man hiervon halten, als daß jene nach dem Urteil der himmlischen Gerechtigkeit ihres Verstandes beraubt, sich selbst ein Leid antaten, die in der Ruchlosigkeit ihres wilden Herzens sich nicht gescheut hatten, durch Wort und Tat die Bosheit ihres Herzens an einem solchen Priester auszulassen, so daß man zu ihrer Verdammnis ihren Sinn dem wilder Tiere vergleichen könnte? Was aber läßt sich auf die Heiligen anwenden als das Wort des Apostels, der sagt: ‚Wisset ihr nicht, daß ihr ein Tempel Gottes seid und der heilige Geist in euch wohnt?‘ Weshalb mit Recht hinzugesetzt wird, daß, wer diesen Tempel verletzte, von Gott in die Zerstreuung geführt werden würde.

28 Diese Zerstreuung wird an ihrem zeitlichen Herrn Lantperht darin bestätigt, daß er auch in dies Verderben gestürzt wurde und sein Leben der Verdammnis in der Verbannung beschloß; so wurde an seinen Kindern und Kindeskindern das Blut dieses Mannes gerächt, ihr Stamm wurde des Landes verwiesen, so daß nicht einer von ihnen zurückblieb. Und wo seine stolzen Paläste, in denen er sich seiner Beschämung rühmte, die anderen überragten, da wuchern

propagantur; et qui venenosam suam iram inhabitatore templi perficere non metuit, suaque aedificia venenatis serpentium generibus relinqueret invitus, ita ut sint in sibilum et in exemplum viventibus. Quamvis dicentium verba sileant, tamen praetereuntes loca praedicant, quia suae contemplationis viatorum aliquotiens suspiria expremunt, propter hoc ut et ipsi cavere debeant, ne in sanctis Dei sacerdotibus incaute committant, ut et illorum hereditas, evacuata posteritate, sicut et contemplata loca testificant, redigantur et in talpium obscura habitatione convertatur, et coacervatus umus in testimonium permaneat viventibus.

Cavenda namque est ira iustorum, ne et ipsum ad iracundia provocent, qui inhabitator eorum corporibus existit. De quibus per semet ipsam Veritas dicit: Qui vos odit, me odit et reliqua. Ensem enim invisibilem non vident, et tamen inulti non permanent; quia unusquisque iustorum invisibili gladio praecinctus est sagacissimo sermone Dei, qui ultionem infert in his, qui non sibi proponunt ipsum veritatis spiritum in Deum, sed eius templum ictibus distruunt, et ubi manus nocendi non inmittunt, detractationis veneficia secreto seminare non metuunt. Sicque Spiritum sanctum, inhabitatore templi, ad iracundiam provocant, non conperientes, quod scriptum est: Nam qui illum non habet placatum, numquam evadit iratum. Quidnam de his dicendum est, ut non defecissent, qui tam sanctum interimerunt

Nesseln und breiten Plantanen ihre Blätter;
und der sich nicht fürchtete, seinen giftigen
Zorn an dem Bewohner des Tempels auszuto-
ben, der mußte seine Paläste dem giftigen Nat-
terngezücht überlassen, so daß sie den Lebenden ein Spott und eine Warnung sind. Zwar ist
das lebendige Wort verstummt, doch predigt
die Stätte den Vorübergehenden, indem der
Anblick manchmal den Wanderern einen Seuf-
zer abpreßt; darum müssen diese selbst sich
davor hüten, an den heiligen Priestern Gottes
unbedachtsam zu handeln, auf daß nicht ihre
Nachkommen zerstreut, ihr Erbteil, wie die Betrachtung der Stätte bezeugt, zunichte gemacht
und in die dunkle Behausung von Maulwürfen
verwandelt wird und nur ein Haufen Erde zum
Zeugnis für die Lebenden übrigbleibt.

29 Denn hüten muß man sich vor dem Zorn der
Gerechten, damit man nicht den zum Zorn reizt,
der ihre Leiber bewohnt. Von ihnen sagt die
Wahrheit durch sich selbst: ‚Wer euch haßt,
haßt mich . . .‘ Auch wenn man ihr unsicht-
bares Schwert nicht sieht, bleiben sie doch nicht
ungerächt; denn jeder einzelne Gerechte ist
mit einem unsichtbaren Schwerte umgürtet,
dem scharfen Wort Gottes, das die Rache über
jene bringt, deren Gott nicht der Geist der
Wahrheit ist, sondern die seinen Tempel mit
Gewalt zerstören und, wo sie nicht ihre Hände
anlegen, um zu schaden, sich doch nicht fürchten, im Geheimen das Gift der üblen Nachrede
zu säen. Damit reizen sie den heiligen Geist,
der den Tempel bewohnt, zum Zorn, und sie
begreifen nicht, was geschrieben steht: ‚Denn
wer ihn nicht versöhnt hat, entgeht ihm nicht,
wenn er zürnt.‘ Was aber ist von jenen zu sagen, die sich von den Mördern eines so heili-

virum, dum tot in loco commorantium, ubi venerabilis Dei episcopus triumphans victor extitit?
Qui quamvis in quantitate consensissent in necem
eius, ut his Deus non parceretur in praesenti evo,
sed sic dissipati sunt de eodem loco, ut eorum
quis non remaneretur. Distructa edificia certaminis campus in solitudine per annos permansit
multos.

Sed res mira et ad multorum edificatione
praeclara contigit. Coepit humus suae amoenita-
tis crescere, ubi beatus episcopus mucronum
sectione passus fuerat, ut in cubitis altitudinem
se coacervaret et a nivium infusione atque gemali
soliditate se defenderet, ut palam daretur intellegi, quibus dignus fuisset meritis martyr, dum
elimenta suae virtutis in eum non praevalerunt
locum; sed in sua usque ad tempus permansit
iucunditate. Dum autem nonnullis res innotuisset,
ut longe lateque commorantes ad videndum
amoenissimum locum pergerentur et ibi sancta
religione christianitatis in honore beati martiris
Deo funderent praeces, res tandem cunctis innotuit; undecumque confidenter peterentur, exauditos se cernebant. Tunc quidem christiani, inito
consilio, in eodem loco ecclesiam in honorem
ipsius martyris Christi moeniis construxerunt,
ubi perennium innumera coruscant miracula. Est
autem ibi perspicuissimus fons, qui distat a praedicta ecclesia, quantum quis lapidem propria
eicere praevalebit manu, sed suamque fluentam
secus effundit ecclesiam. Humus vero hinc inde-

gen Mannes nicht losgesagt haben, da doch so viele an dem Orte weilten, an dem der ehrwürdige Bischof Gottes triumphierend den Sieg errang? Diese haben in großer Zahl in seinen Tod eingewilligt; deshalb hat Gott sie in dieser Zeit nicht verschont, sondern sie sind von demselben Ort so zerstreut worden, daß ihrer kaum einer übrig blieb. Nachdem ihre Häuser zerstört waren, ist das Kampffeld viele Jahre hindurch Einöde geblieben.

30 Aber ein wunderbares und herrliches Ereignis trat ein, vielen zur Erbauung. Wo der heilige Bischof durch das Schneiden der Messer gelitten hatte, begann der Erdboden in seiner Lieblichkeit zu wachsen; er erhob sich eine Elle hoch und blieb vom Schneefall und der winterlichen Erstarrung bewahrt, so daß sich deutlich zu erkennen gab, welcher Verdienste der Märtyrer gewürdigt wurde, da die Macht der Elemente nichts gegen den Ort ausrichten konnte: er blieb in seinem Liebreiz bis in unsere Tage unverändert. Als diese Tatsache einigen bekannt geworden war, kamen die Leute von weit und breit, um den lieblichen Ort zu sehen, und dort in heiligem christlichem Glauben zu Ehren des heiligen Märtyrers Gebete an Gott zu richten. Schließlich wurde es allen bekannt; worum sie im Vertrauen baten, darin sahen sie sich erhört. Da pflogen die Christen Rat und erbauten an demselben Ort zur Ehre des Märtyrers Christi eine Kirche mit Mauerwerk, und darin erstrahlten unzählige Wunder. Es ist dort aber ein kristallklarer Quell, der von der genannten Kirche so weit entfernt ist, wie einer mit der Hand einen Stein werfen kann; sein Wasser ergießt er längs der Kirche. Die Erde ist auf beiden Seiten zu er-

que exaltatis depremitur ripis, ut prolixius fun-
dendi cursus spatium non siniret, sed infra de-
primentia ripa relaxato sino, ita ut lacum efficiat
pulcherrimum. Cuius in septentrione plage moe-
neis in martyris laudem constructa constat ecclesia, ubi innumeri caeci recipiunt visum et claudi
gressum, mutorum namque linguae vincula in
gloriam et laudem Dei martyris disrupte solu-
tionem declarant.

Sed si de his locis et eorum miraculis ordinali-
ter disponere debemus, quanta iam ibi coruscasse
per Dei dispensatione in beati Haymhrammi
martyris Christi gloriam miracula, quae oculis
propriis vidi, audivi a fidelium narratione et didici, dies, ut opinor, prius cessat quam sermo.
Sed ne fastidium legentibus gignem, de sacri
martyris corpore redeam ad ordine, dum, ut
diximus, splendidior luce sancti viri anima, cunctis qui aderant videntibus, resoluta corporali
vincula, remota aere, penetraret caelum, ut per-
ennem frueret gaudium, quem meruerat. Hii qui
aderant cum timore magno et reverentia sacrum
sancti viri corpus plaustro superponentes, iter
ceptum expleverunt ad ecclesiam beati Petri
apostoli in villa publica Aschaim nuncupantem
sitam, infra cuius moeniis honorifice cum habi-
tantibus humo subponentes et regressi sunt. Sed
eo minime velle resurrectionis expectare ibi diem,
quia, ut longe superius memoriam fecimus, quod
ei ad urbem Radasponam cumplacuisset amoeni-

höhten Ufern aufgeworfen, so daß sie dem Wasserlauf keinen weiteren Spielraum läßt als innerhalb der eindämmenden Ufer zu einer Ausbuchtung, die einen schönen Teich bildet. An dessen Nordseite steht die zum Lobe des Märtyrers mit Mauerwerk errichtete Kirche, in der zahllose Blinde das Gesicht und Lahme das Gehen wiedererlangen; die Zungen der Stummen aber verkünden, daß zum Ruhm und Lobe des Märtyrers Gottes ihr Band gelöst wurde.

31 Sollten wir aber von diesen Orten und ihren Wundern der Reihe nach berichten, wie viele dort schon durch Gottes Walten zur Verherrlichung des heiligen Emmeram, des Märtyrers Christi, erstrahlten, die ich mit eigenen Augen gesehen oder durch den Bericht der Gläubigen erfahren habe, so ginge, wie ich meine, der Tag eher zur Neige als die Rede. Um aber den Lesern keinen Überdruß zu bereiten, will ich fortfahren zu erzählen, was weiter mit dem Leib des heiligen Märtyrers geschah. Wie wir gesagt haben, ging die Seele des heiligen Mannes, erlöst von den Fesseln des Leibes und hellglänzender als Licht, vor den Blicken aller Anwesenden, indes die Luft zur Seite wich, in den Himmel ein, um die ewige Freude zu genießen, die sie verdient hatte. Jene, die dort anwesend waren, legten mit großer Furcht und Ehrerbietung den geweihten Leib des heiligen Mannes auf den Wagen und vollendeten die begonnene Fahrt zur Kirche des heiligen Apostels Petrus in der Villa Aschheim, in deren Mauern sie ihn zusammen mit den Einwohnern ehrenvoll begruben; dann kehrten sie zurück. Aber nicht dort wollte er auf den Tag der Auferstehung warten; denn, wie wir weiter oben erwähnt haben, gefiel ihm die anmutige Umgebung der

tas, ut illuc remunerationis post evi ruinam expectaret diem, cadaver illuc se deferre vellisse dubium non est.

Sed res mira, ut aer eius obtemperaretur voluntati, qui commotus a parte occidentali plage flante fabunio inpetu fortitudinis suae, ita ut nubium densitate facies caeli velaretur. Et pluvia inundabat super terram cum discurrentia fulgura, ut per XL diebus incessanter plueretur. Tam diurna infusione ymbrium torrentes in amnes decreverant, repletis albeis procedentes per planitias campestrium, ita ut facies telli velaretur; et nisi tanti viri et Dei martyres ad urbem duxissent corpus, elimenta aquarum ruinam provincie minarentur. Tunc nonnullis per Dei dispensationem revelatum fuerat per nocturnas visiones, qui eas in palam deduxerunt. Collecta cohors cum principe et sacerdotibus, inito consilio, convenientes, per quosdam fideles tanti viri corpus quo iacebat ex humo tollentes et deducentes ad amnem Isuram, poppi inponentes, accensis caereis, fluminis fluenta discensione secuti sunt usque ad Danubium amnem. Cuius contra ortum fluentibus tanta prosperitate iter cellerrime tot spatium navigio perrexerunt, quasi extenso velo fuisset in prosperitate ventorum peractum.

Sed res mira et valde a fidelium contemplatione honorifice tradenda: inter tot ventorum flabra et procellarum, fluctuosa et promiscua

Stadt Regensburg, und es besteht daher kein
Zweifel, daß er seinen Leichnam dorthin bringen lassen wollte, um dort auf den Tag der Belohnung nach dem Ende der Zeit zu harren.

32 Aber, oh Wunder!, die Luft gehorchte seinem
Willen, und von Abend her wehte der West-
wind mit solcher Gewalt, daß das Antlitz des
Himmels durch dichte Wolken verhüllt wurde.
Und der Regen strömte auf die Erde und es
blitzte ringsum; so regnete es vierzig Tage
ohne Unterbrechung. Durch die anhaltenden
Regengüsse waren Gießbäche zu Flüssen ange-
schwollen, und die Wasser stiegen über die
Ufer und breiteten sich über das flache Land
aus, so daß das Antlitz der Erde verhüllt wurde;
und hätte man nicht den Leib dieses großen
Mannes und Märtyrers zu der Stadt gebracht,
so drohte das Element des Wassers das Land
zu verderben. Das wurde damals einigen Leuten durch Gottes Fügung in nächtlichen Ge-
sichten offenbart, die sie öffentlich kundtaten.
Die Krieger versammelten sich mit dem Fürsten
und der Geistlichkeit; sie hielten einen Rat und
kamen überein, durch einige zuverlässige
Männer den Leichnam dieses großen Mannes
dort, wo er lag, aus der Erde nehmen und zum
Isarfluß bringen zu lassen; dort legten jene
ihn auf ein Schiff und entzündeten Kerzen;
dann folgten sie der Strömung des Flusses bis
zur Donau. Auf dieser setzten sie die weite
Reise mit dem Schiff dem Ursprung des Stro-
mes entgegen mit solchem Glück aufs schnellste
fort, als würde es mit ausgespanntem Segel bei
günstigem Winde getrieben.

33 Aber, welch ein Wunder, das der ehrerbieti-
gen Betrachtung der Gläubigen anheimzugeben
ist! — daß bei all diesem Wehen der Winde

inundantia aquarum, supernorum infusione imbrium et subternorum intumiscentium amnium undarum, ut ex his lampadibus non extinguerentur lumina, sed tanta securitate quietissimam in altum flamme direxerunt atiem, acsi in cubiculo tranquillissimo sine commotione aeris stetissent. Hii vero, qui secus amnium fluentis commorabant, dum tantum in lampadibus martyris cernissent meritum, suoque percutientes pectore, in facies proprias procedentes, Deum caeli adoraverunt.

Cum autem pervenissent viri cum corpore beati Dei martyris ad civitatem quo tendebant et ibi, ut erant docti, salubrem elegerentur portum, in obviam his factus est princeps terrae cum satrapibus et sacerdotibus, deferentes patibula cum turabulis. Erat enim innumerabilis cum viris et mulieribus promiscuus vulgus, quae exaltata voce hymnificabant Deum; ex quorum vocibus tam prae gaudio quam timore, ut tellus tremeret, esse videbatur, Tunc collecto corpore per manus sacerdotum in beati Georgii ecclesiam deferentes, et ibi, ut erat dignus, sub humo in honore sepelierunt. Eodem vero momento caelus tantam reddidit serenitatem, ut nubs in nullis compareretur plagibus.

Post multum vero temporibus sacerdotibus visum fuerat, ut de loco corpus sanct Dei martyris mutare deberentur, adductis cimentariis, qui sua arte conpositione gypsi sepulchrum cum marmore construerentur. Cum autem, ut erant

und Stürme, diesem Wasserschwall und der grenzenlosen Überschwemmung, diesen Regengüssen vom Himmel und diesem Anschwellen der unterirdischen Gewässer die Lichter dieser Kerzen nicht erloschen, sondern die Spitze der Flamme so selbstverständlich ganz ruhig nach oben sandten, als wenn sie im stillsten Kämmerlein gestanden hätten, wo kein Luftzug sich regte. Als aber jene, die längs der Flüsse wohnten, an den Kerzen solches Verdienst des Märtyrers erkannten, schlugen sie an ihre Brust, fielen auf ihr Angesicht und beteten den Gott des Himmels an.

34 Wie nun die Männer mit dem Leichnam des heiligen Märtyrers Gottes zu der Stadt gelangten, die ihr Ziel war, und dort, kundig wie sie waren, den schutzgewährenden Hafen ersehen hatten, kam ihnen der Fürst des Landes mit seinen Edlen und den Geistlichen entgegen, die Kreuze und Weihrauchfässer mit sich führten. Auch eine zahllose bunte Menge von Männern und Frauen war dort, die mit lauter Stimme Gott priesen und von deren Stimmen ob ihrer Freude wie ob ihrer Furcht die Erde zu beben schien. Da ließen sie durch die Hände der Priester den Leib aufnehmen und brachten ihn in die Kirche des heiligen Georg und setzten ihn dort, seiner Würde gemäß. in der Erde bei. In demselben Augenblick wurde der Himmel wieder so heiter, daß nirgends eine Wolke zu sehen war.

35 Nach Ablauf langer Zeit aber deuchte es den Priestern gut, daß sie den Leib des heiligen Märtyrers Gottes von seinem Platz an eine andere Stelle brächten, und sie ließen Steinmetzen kommen, damit sie kunstvoll aus Stuck und Marmor ein Grabmal errichteten. Als diese

docti, structura perfecissent, eiecto populo extra meneis templi, ostium ecclesiae sacerdotes qui erant serris munierunt. Erat autem ordinator rei infra ecclesiam venerabilis Dei cultor Gawibaldus episcopus, qui in his diebus urbis Radaspone regebat pontificatum, cum presbiteris et diaconibus, quorum adhuc supersunt. Cum autem humum removissent ex sepulchro, — erat enim inmense magnitudinis lapis superpositus, quem cum timore et psallentio movere vellissent, stabant hincque et inde per girum, — eo iam remotu ex dextro in levoque quasi mensurae palmis et semi, tunc omnibus timor inruit, ita ut manus omnium ex lapide laberentur, ex cuius perculsione, resolutis viribus, retrorsum ceciderunt. Sed tantum unus ex his qui erant ad dextris, solidatis manibus, in lapide superposito pectore permansit. Sed res mira et in Dei laude eximie veneranda! Lapis tante ponderis inmensitate gravatus, aere suffultus, tamdiu sustentatus est ab uno, quousque qui erant pavidi exterritique vires reciperentur et currentes manus inmisissent. Nam si hoc martyris merita non sustenuissent, quid aliud fieri potuisset, nisi ut ossa subposita in monumento comminuerentur? Hoc vero aliter tantae pavoris inruisse estimandum non est, nisi ut in tanti viri corporis praesentiae his signis monstraretur in terris, qui-

aber, kundig, wie sie waren, das Werk vollendet hatten, wurde das Volk aus den Mauern
des Gotteshauses hinausgetrieben, und die Priester, die dort waren, verriegelten das Tor der
Kirche. Der aber im Innern der Kirche anord-
nete, was geschehen sollte, war der ehrwürdige
Diener Gottes, der Bischof Gawibald, der in
jenen Tagen den Bischofssitz der Stadt Regensburg innehatte, zusammen mit seinen Priestern
und Diakonen, von denen noch einige am Leben sind. Sie hatten die Erde aus dem Grabe
ausgehoben —, über die Stätte war aber ein
Stein von gewaltiger Größe gelegt, und sie
standen auf beiden Seiten darum herum, da
sie ihn behutsam und unter Absingen von
Psalmen bewegen wollten. Als sie diesen
schon anderthalb Spanne breit von rechts nach
links verschoben hatten, da befiel sie alle
Furcht, so daß alle Hände von dem Stein her-
unterglitten, und durch den Stoß verloren sie
ihre Kraft und stürzten rücklings nieder. Nur
einer von denen, die auf der rechten Seite standen, hielt mit den Händen fest und blieb am
Stein, gegen den er seine Brust gestemmt hatte.
Aber, oh Wunder, das im Lobe gegen Gott aufs
höchste zu verehren ist! — der Stein mit so
ungeheurem Gewicht wurde hoch in der Luft
von dem einen Mann so lange gestützt, bis die
zu Tode Erschrockenen ihre Kräfte wieder zu-
sammennahmen, herbeieilten und Hand anleg-
ten; denn was hätte anders geschehen können,
als daß die darunterliegenden Gebeine im
Grabe zermalmt worden wären, wenn nicht die
Verdienste des Märtyrers ihn aufgehalten hätten? Man muß jedoch glauben, daß ein der-
artiger Schrecken jene nur deswegen befallen
hat, damit in der Gegenwart des Leibes eines

bus honoris eius anima fulgeretur in caelis. Tunc
tanta celeritate et securitate lapidem removerunt,
acsi minime in se gravitatis pondus habuisset.
Sublato corpore, Domini caeli hymnificantes, in
locum quem construxerant posuerunt. Tunc im-
perantes principibus regionum, collectis artifici-
bus innumeris, ex auro et argento sancti martyris
sepulchro superpositam fabricati sunt, ita ut in
ea gemmarum cum margaretis conpositionis ru-
tilent atque sculpturae varietates fulgescunt
genera, sicut praesens dies probat.

Nostris namque temporibus cuiusdam rusti-
ci coniux, infirmitate superveniente, praesen-
tem oculorum lumen amisit; quam vir suus ob
cecitate dispexit et contra summi Dei praecepto
alia sibi in matrimonio sotiavit. Dum nos res innotuisset, quia sub pastoralis curae in nostris
diocenis utreque fuissent, his arguere adulterium
studui, perpetrata incesta minime tacui, paenitentiam de commisso scelo indicavi. Sed eam ex
habitaculo proicere minime valui, quia utrasque
in praedicti viri domo commorabant; sed suadente diabolo, quamvis non palam, tamen de
incesta coniugem adulteria pedem peccanti offitio
minime retraxit. Sed dum ipsa adultera quadam
die ad beati Dei martyris festivitatem vellisset
accedere, aliis in comitatu illuc pergentibus sociata est. Dum autem pervenissent ad locum qui

solchen Mannes durch diese Wunder auf Erden sich zeigte, mit welchen Ehren seine Seele im Himmel leuchtete. Darauf schoben sie den Stein mit solcher Schnelligkeit und Selbstverständlichkeit zur Seite, als hätte er überhaupt kein Gewicht an sich gehabt. Und sie erhoben den Leib, priesen den Herrscher des Himmels mit Lobgesängen und legten ihn in das Grab, das sie errichtet hatten. Danach versammelten sich auf den Befehl der Fürsten des Landes zahllose Goldschmiede und verfertigten aus Gold und Silber für das Grab einen Aufbau, an dem der Schmuck der Edelsteine und Perlen erstrahlt und getriebene Arbeit verschiedener Art schimmert, wie noch der heutige Tag es bestätigt findet.

36 In unserer Zeit nun wurde die Frau eines Bauern krank und verlor das Augenlicht; da verachtete ihr Mann sie wegen ihrer Blindheit und nahm gegen das Gebot des höchsten Gottes eine andere zur Ehe. Als uns die Sache zu Ohren kam — es unterstanden nämlich beide der Seelsorge in unserer Diözese —, da habe ich ihnen den Ehebruch vorgehalten, auch von der begangenen Unkeuschheit nicht geschwiegen und ihnen eine Buße für die verübte Missetat geboten. Doch konnte ich jenes Weib nicht aus der Wohnstätte vertreiben, weil beide im Hause des erwähnten Mannes lebten, und auf Anstiften des Teufels zog der Sünder den Fuß nicht vom ehebrecherischen Umgang mit der unkeuschen Frau zurück; er sündigte freilich nur im geheimen. Als aber die Ehebrecherin eines Tages das Fest von Gottes heiligem Märtyrer besuchen wollte, schloß sie sich anderen an, die in einem Zuge dorthin gingen. Wie sie nun nahe der Stadt zu dem Orte ka-

dicitur Vivarius iuxta civitatem, distante a beati martyris ecclesia in spatio passuum fere CC, dum oculis intueretur forinsecus templum, statimque in commisso scelo reprehensa est. Coepit infelicitate sua tremere, conpaginas membrorum dissolvere, se in sua miseria terrae prostrare, ita ut erecta in plantis dum fuisset, pedem ad carpendum iter movere minime potuisset; dum vero revertere vellisset, statim omnes conpagines membrorum solidarentur. Dum in his angustiis desudaret, cuidam sacerdoti supervenisse contigit; et dum acta illius subtiliter inquisisset, suae adulterinae miseriae hoc contigisse professa est. Cui vir Dei monitionem inpendit, ut ad nos reverteretur. Quae reversa dum fuisset, in nostris obtutibus praesentata, pedibus nostris cum lacrimis provoluta est et suae miseriae coram adstantibus confessionem alta voce dedit et protinus adiunxit, in hoc se veniam apud Deum praevaleret impetrare, ut amplius sub uno aedificiorum tegimine cum eodem viro non maneret, a quo adulterina conmiscione fuerat sociata. Dum autem monitionis nostrae atque increpationes acciperet formam et de perpetratis secundum iudicium nostrum paenitentiam egisset, tanta securitate a beati Dei martyris ecclesiam processit, acsi umquam membrorum dolore non pretulisset. Hoc enim, ut testimonio, in exemplum superna pietas tradidisse, ut palam daretur intellegi, quibus distantiis a regno Dei alienentur

men, der Vivarius genannt wird, etwa 200
Schritt von der Kirche des heiligen Märtyrers
entfernt, und das Weib von außen mit den
Augen das Gotteshaus betrachtete, wurde sie
alsbald von der begangenen Missetat festgehal-
ten. In ihrem Mißgeschick begann sie zu zittern,
die Glieder versagten ihr den Dienst, sie warf
sich in ihrem Schuldbewußtsein auf die Erde
und als man sie aufrichtete, konnte sie keinen
Fuß regen, um den Weg fortzusetzen; wenn
sie jedoch umkehren wollte, wurden sogleich
alle Gelenke fest. Als sie in dieser Not sich ab-
quälte, kam zufällig ein Priester hinzu; und
als er sie eingehend nach ihrem Tun fragte,
bekannte sie, daß ihr dieses Unglück wegen
ihres Ehebruchs zugestoßen sei. Der Mann
Gottes ließ ihr eine Ermahnung zuteilwerden,
sie solle noch einmal zu uns gehen. Und als sie
zum zweitenmal kam und vor unser Angesicht
trat, warf sie sich uns unter Tränen zu Füßen
und legte vor den Dabeistehenden mit lauter
Stimme das Geständnis ihres unseligen Wandels ab; sie fügte sogleich hinzu, es würde ihr
dadurch gelingen, Vergebung bei Gott zu erhalten, daß sie fürder nicht mehr unter demselben Dach mit jenem Manne bleiben werde,
mit dem sie in ehebrecherischer Verbindung
vereint gewesen war. Nachdem sie aber unsere
förmliche Vermahnung und Zurechtweisung angenommen und für das Begangene gemäß unserer Entscheidung Buße getan hatte, ging sie
so selbstverständlich zu der Kirche von Gottes
heiligem Märtyrer, als hätte sie niemals den
Schmerz in ihren Gliedern erlitten. Ich bezeuge
aber, daß die himmlische Gnade damit ein Beispiel gegeben hat, auf daß offen erkannt werde,
wie weit sich die Ehebrecher vom Reiche Got-

adulteri, dum suorum electorum ecclesiis ingredere non possunt. Sed dum huius mulieris revolvero sententiam, veritatis ad memoriam reducitur sermo, ut sacer in sua vaticinatione electorum mentibus discribitur: Quaerite Dominum, dum inveniri potest; invocate eum, dum prope est; unde recte subiungitur: Relinquat iniquus viam suam. Quomodo enim quis Dominum invenire potest, nisi tramitem relinqueret iniquitatis? Hic enim non videbitur, et prope est; illuc autem videbitur, et prope non est. Sicut et haec mulier, dum beati Dei martyris ecclesiam in sua coinquinatione videret, prope non erat, quia adpropinquare non quieverat; dum autem prolixius ad confitendum recessisset, prope erat, quia de perpetratis paenitentiam agebat.

Mira mirandis succedunt! A quodam religioso et prudente viro audire me contigit. Agebat enim, ut quadam die ad beati Dei martyris ecclesiam pro suisque delictis ad intercedendum vellisset accedere, contigit ei, ut iter solus carperetur. Dum autem pervenisset in solitudinem, quae mutata vulgarica locutione Feronifaidus appellatur, incidit in latrones, qui eum expoliaverunt, vinctisque manibus, concatinato ore, ut verba exprimere non quievisset, extra terminum eicientes, eum genti Francorum venundati sunt. Quidam ex his qui eum pretio redimerat in partibus aquilonis Duringorum genti cuidam eum venundavit in coniacente confinio Porathanorum

tes entfernen, da sie nicht in die Kirchen seiner Erwählten eintreten können. Wenn ich aber das Gericht an dieser Frau überdenke, so kommt mir das Wort wieder ins Gedächtnis, wie der Heilige in seiner Weissagung für die Einsicht der Auserwählten schreibt: ‚Suchet den Herrn, solange er sich finden läßt, rufet ihn an, solange er nahe ist‘; wozu mit Recht hinzugefügt wird: ‚Der Gottlose lasse ab von seinem Wege‘. Wie könnte nämlich jemand den Herrn finden, wenn er nicht vom Wege der Gottlosigkeit abließe? Denn hier wird er nicht gesehen, und ist doch nahe; dort aber wird er gesehen und ist doch fern. So war auch diese Frau, als sie in ihrer Unreinigkeit die Kirche von Gottes heiligem Märtyrer sah, nicht nahe, da sie nicht nahe herankommen konnte; als sie aber zu ihrem Bekenntnis weit zurückgewichen war, war sie nahe, denn sie tat Buße für ihre Missetat.

37 Wunder folgt auf Wunder! Dies habe ich einmal von einem frommen und besonnenen Manne gehört. Er erzählte, wie er eines Tages um Fürbitte wegen seiner Sünden zu der Kirche von Gottes heiligem Märtyrer gehen wollte und es sich traf, daß er allein des Weges zog. Als er aber in die Einöde gekommen war, die im Volksmund Fernweide heißt, fiel er unter die Räuber, und diese plünderten ihn aus, nachdem sie seine Hände gebunden und seinen Mund geknebelt hatten, so daß er kein Wort hervorbringen konnte; sie brachten ihn außer Landes und verkauften ihn an das Volk der Franken. Von diesen verkaufte ihn einer, der ihn käuflich erworben hatte, im nördlichen Teil des thüringischen Stammesgebietes an einen Mann nahe der Grenze der Porathanen, ei-

genti, quae ignorant Deum. Et dum praedictus senex gentilium idolorumque cultoribus proximatum cerneret, caepit viribus, ut praevaluit, temporali domino suo praesenti atque absenti dignum praebere famulatum. Erat enim operandi peritiae instructus, ita ut molentinam non mediocriter domino suo proficisse operaretur, et aedificiorum conpositionis mirifico conposuit modum. Huius rei invenit gratiam in conspectu patris familiae.

Et dum hoc continuo per triennium, ut potuit, implevisset et tamen nihilominus a Dei cultura, ieiuniis et orationibus non recedisset, contigit, ut quidam de conservis suis moreretur, qui, relicta atque viduata coniuge iuvencula atque secundum huius carnis putridinem pulcherrima, sine prolium procreatione recessit. Cui seni temporalis dominus suus praecepit, ut eam sibi in matrimonio sotiaret et domui cum substantiis frueretur. Religiosus autem senex contrario respondit, dicens: 'Uxorem in cognatione mea reliqui, dum pro peccatis meis innumeris captus fuissem et ex eadem regione exterminatus, ut huius traderer locis; sed, ea vivente, quomodo aliam in matrimonio ducam?' Undė suusque dominus sagacissimis atque asperrimis sermonibus subiunxit, dicens: 'Si eam non acciperis, haec addat mihi Dominus et haec faciat, si non tradidero te genti Saxonorum, quae tot idolorum cultores existunt. Scio enim, si uxorem apud me recipere recusas, experimento rei fateor, ut commorare minime debeas, sed fugire magis adoptas,

nes Volkes, das Gott nicht kennt. Und als der Alte sah, daß er in die nächste Nähe von Leuten gekommen war, die heidnische Götzenbilder verehrten, da begann er, seinem zeitlichen Herrn, ganz gleich ob er anwesend oder abwesend war, mit allen Kräften nach Gebühr zu dienen. Er war aber in handwerklichen Arbeiten wohl unterwiesen und konnte daher die Mühle seines Herren nicht wenig verbessern; auch verstand er sich ungewöhnlich gut auf das Bauen von Häusern. Dadurch fand er Gnade in den Augen des Hausvaters.

38 Das tat er drei Jahre lang, so gut er konnte, und ließ doch nicht ab, Gott zu dienen, zu fasten und zu beten. Da geschah es, daß einer seiner Mitknechte starb, der ein junges und in Anbetracht der Fäulnis dieses Fleisches sehr hübsches Weib als Witwe hinterließ, ohne Kinder gehabt zu haben. Dem Alten befahl sein zeitlicher Herr, daß er sie heirate und die Nutznießung ihres Hauses und Besitzes habe. Der fromme Alte aber widersprach und sagte: ‚Ich habe ein Eheweib bei meiner Sippe zurückgelassen, als ich um meiner ungezählten Sünden willen gefangen genommen und von dort in die Fremde entführt wurde, so daß ich jetzt hier bin; doch wie sollte ich eine andere heiraten, solange jene lebt?‘ Darauf erwiderte mißtrauisch sein Herr mit den schärfsten Worten und sagte: ‚Nimmst du sie nicht, so soll mich der Herr strafen, wenn ich dich nicht dem Sachsenvolk überantworte, das aus lauter Götzendienern besteht. Denn ich weiß, wenn du dich weigerst, bei mir eine Frau zu nehmen — ich spreche dabei aus Erfahrung — daß du nicht bleiben magst, vielmehr mit der Flucht lieb-

et ego ex tuoquae pretio fraudatus frustra re-
maneam.'

Dum diurnis sermonibus in invicem lucta-
rentur et haec senex praedictus cerneret, quod
imperium domini sui prohibere non posset, nisi
se prohibendo tamquam ipse captivaretur in gentem ignorantem Deum, quorum vitam, ut innotuit ex vicinitatem, tamquam praecipitium mortis
pertimiscebat, necessitate conpulsus, sibi eam
sotiare secundum suique domini voluntatem con-
fessus est. Ille autem, adprehensam praedicte mulieris dexteram manum, circumvoluto pallio, ut
mos nuptiarum conpellit, coram adstantibus conservis, coniuge et prolibus hilari vultu tradidit
eam illi in matrimonium; quia propter peritiam
artis illius dilexerat eum nimis. Tunc religiosus
senex cum sua recepta sotia ad illius habitacu-
lum, ubi eam sibi in matrimonio sotiare debuerat,
reversus est. Quae cum cubiculum intrassent et
alimentum secundum nuptiarum consuetudine
recepissent, in lectum quam ipsa paraverat in-
gressi sunt. Cui religiosus senex monita, ut potuit,
inpendere studivit: 'Provide namque, karissima
soror, ne vi huius commiscionis delictum super-
num et summum offendamus artificem rerum;
quia temporalis voluptuosa gaudia in paucis de-
ficitur diebus et ventura animarum detrimenta
sine fine cruciantur. Fruere nunc artificii mei in
diliciis lucra; tantum hoc sustenta, ut ne me
copulationis, vivente coniuge, praecipites in animae interitum.'

äugelst, und ich sitze da und bin um deinen Kaufpreis betrogen.'

39 So stritten sie länger mit Worten miteinander und der Alte sah ein, daß er den Befehl seines Herrn nicht ablehnen konnte, wenn er sich nicht selbst in die Knechtschaft eines Volkes begeben wollte, das von Gott nichts wußte und dessen Lebensweise, die ihm aus der Nähe wohlbekannt war, er wie den jähen Tod fürchtete; darum beugte er sich der Notwendigkeit und erklärte, er werde die Frau heiraten, wie der Herr es wolle. Der aber ergriff die rechte Hand der Frau, umhüllte sie mit einem Tuch, wie der Brauch der Eheschließung es verlangt, und übergab sie ihm im Beisein der Mitknechte, seiner Frau und seiner Kinder mit froher Miene zur Ehe; denn wegen seiner Handwerkskunst hatte er ihn sehr gern. Darauf kehrte der fromme Alte mit derjenigen, die er zur Gefährtin erhalten hatte, in ihre Wohnung zurück, wo er sie sich ehelich verbinden sollte. Als sie in die Schlafkammer gegangen waren und, wie es bei Hochzeiten Brauch ist, etwas gegessen hatten, bestiegen sie das Bett, das sie hergerichtet hatte. Da versuchte der fromme Alte sie, so gut er konnte, zu ermahnen: ,Bedenke nun, liebste Schwester, daß wir nicht durch dieses sündliche Beilager den himmlischen und höchsten Schöpfer der Dinge beleidigen; denn die Freude der vergänglichen Wollust schwindet in wenigen Tagen und der künftige Schaden der Seelen wird ohne Ende bestraft. Freue dich nun meiner Kunstfertigkeit, die uns Annehmlichkeiten schafft; nur das ertrage, daß du mich nicht, solange mein Weib am Leben ist, durch das Beilager in das Verderben der Seele stürzest.'

Illa autem carnalis voluptatibus sustentata, secundum monitionem sui sotii minime consentit; sed verba, quam prudenter ei inpendere debuerat, suoque domino devulgare minaverat. Cum haec vir venerandus senex minime proficisse se cernisset, sueque sotiae asperrima et voluptuosa desideria blandis sermonibus linuit, dicens: 'Providendum namque est, karissima soror, ne gentilium more christianis sotiare expedit copulis, sed magis per triduum abstinere oportet et Deum cum lacrimis deprecare, ut detur germen iustum in coniunctione; quia mulier non propter libidinem accipienda est, sed propter sobolum procreatione socianda.' Haec cum audisset, dispexit, faciem suam avertit ad parietem, sub tegmine thori a viro se religioso suffulsit tristis; sopore subpressa obdormivit. Ille autem cum lacrimis ex himo cordis arcae indesinenter Deo fundebat preces, ut eius angustiae opifex serenus subvenire digneretur, ut ne tanti viri et Dei martire Haimrammi, cuius requisitionis tot angustiae se incumberet, ne in oblivione remaneret, ut ipse merendi misero misericordiam non inpenderet.

Cuius orationi tanta celeritate misericordiae subsecuta est, ut mox, cum obdormisset, quidam pulcherrimus vir procere statu ante lectum eius staretur, qui baculo quem manibus gestabat latus dormientis percussit, dicens: 'Surge et vade ad beatum martyrem ecclesiam, ubi te iturum pervovisti.' Vir senex respondit: 'Quomodo sine

40 Jene aber war von fleischlicher Lust ergriffen und mit der Ermahnung ihres Gefährten ganz und gar nicht einverstanden; vielmehr drohte sie, die Worte, die er ihr behutsam beibringen wollte, ihrem Herrn zu offenbaren. Als der ehrwürdige Alte erkannte, daß er damit nichts erreicht hatte, da beschwichtigte er die ungestümen und wollüstigen Wünsche seiner Gefährtin mit sanftem Zureden und sagte: ‚Man muß bedenken, liebste Schwester, daß es für Christen nicht gut ist, sich nach heidnischer Weise ehelich zu verbinden, vielmehr ist es notwendig, sich drei Tage zu enthalten und unter Tränen Gott zu bitten, daß er bei der Vereinigung rechte Frucht gibt; denn eine Frau darf man nicht um der Fleischeslust willen nehmen, sondern zur Erzeugung von Nachkommenschaft muß man heiraten.‘ Als sie dies gehört hatte, kehrte sie voller Verachtung ihr Gesicht zur Wand, und unter der Decke des Bettes entfernte sie sich traurig von dem frommen Manne; die Müdigkeit überwältigte sie und sie schlief ein. Er aber betete aus tiefstem Herzensgrund unter Tränen zu Gott, der erhabene Schöpfer möchte gnädig seiner Not beistehen. Daß solche Not ihn wegen des Bittganges zu dem großen Mann und Märtyrer Gottes Emmeram bedrückte, sollte bei jenem unvergessen sein; darum möchte er dem armen Betrübten seine Barmherzigkeit nicht vorenthalten.

41 Seinem Gebet folgte so rasch das Erbarmen, daß, kaum war er eingeschlafen, ein sehr schöner Mann von hoher Gestalt vor seinem Bette stand; der trug in den Händen einen Stab, stieß damit den Schlafenden in die Seite und sagte: ‚Stehe auf und geh zur Kirche des heiligen Märtyrers, wohin zu gehen du gelobt hast.‘ Der

alimento tot spatia ignota perambulabo?' Cui iterum qui adstabat adiunxit: 'Surge, ne hesites; sume in superiore cenaculo panem quae est; ipse tibi in alimentum sufficiat usque ad perfectionem itineris tui.' Vir autem tanti visionis expergefactus, qui paenitus, postquam ad se reversus fuerat, ignorabat, sive vigilans an dormiens monitionem reciperetur; tamen surrexit, ut vir qui adstabat indicaverat, in superiorem cenaculum pulcherrimum, que a quodam ponere non prospexit, panem repperit, cuius conparare pulchritudini eadem nocte cum praedicta mulieri in eadem domo non comedit. Quem repertum gremio commendavit, relictisque omnibus, quae se ibidem esse videbatur, ne de proprio lucro temporali domino suo abstrahendo damnum inferret, excepto singulari habitu et pipinnam, quam manibus gestabat.

Tunc dum inde regressus ad solitudinem sub festinatione, ut praevaluit, carpebat iter, sine intermissione cum lacrimis Deo fundebat praeces, ut per merita beati sui martyris in se speranti prosperaretur iter. Peractis namque suis in profectionibus continuis diebus XV, tantaque prosperitate et securitate supernus opifex, unius panis sacietate cottidianis aviditatibus, membris ex faticatione itineris distinatione perduxit, ut huius hora diei XV. tertia in montem staretur super plantatione vinearum: inter confluenta Danubii et Imbris sitis dinoscitur; ex cuius vertice viri Dei martyris contemplabat ecclesiam et urbem

Alte antwortete: ‚Wie soll ich ohne Wegzehrung so große unbekannte Strecken durchwandern?‘ Ihm antwortete wiederum jener, der neben ihm stand: ‚Steh auf und zaudere nicht; hole dir im oberen Stock das Brot, das dort liegt; es wird dir zur Nahrung ausreichen bis zur Vollendung deines Weges.‘ Der Mann aber erwachte von solchem Traum und wußte, wieder zu sich gekommen, nicht, ob er im Wachen oder im Schlaf die Aufforderung erhalten hatte; dennoch stand er auf, wie der Mann, der bei ihm stand, es geheißen hatte, und fand im oberen Stock ein herrliches Brot, das er niemanden hatte hinlegen sehen; es war schöner als jenes, das er in der gleichen Nacht mit der Frau im selben Hause gegessen hatte. Als er es gefunden hatte, barg er es in seinem Gewand. Um nicht seinem zeitlichen Herren etwas von seinem eigenen Besitz wegzunehmen und ihm dadurch Schaden zuzufügen, ließ er alles, was ihm dort zu gehören schien, zurück, ausgenommen sein einziges Gewand und eine zweischneidige Axt, die er in der Hand trug.

42 Dann ging er fort in die Wildnis, eilte, so schnell er konnte, von dannen und betete ohne Unterlaß unter Tränen zu Gott, daß ihm durch das Verdienst seines heiligen Märtyrers die Flucht gelingen möge, da er auf ihn hoffe. Und in fünfzehn Tagen ständiger Märsche führte ihn der himmlische Schöpfer mit solchem Glück und so sicher, mit dem einen Brote täglich seinen Hunger stillend, zum Ziel seiner Fahrt, daß er in der dritten Stunde des fünfzehnten Tages mit müden Gliedern auf dem Berge oberhalb der Weinpflanzungen stand, zwischen Donau und Regen, wo sie zusammenfließen. Von diesem Gipfel erblickte er die Kirche von Gottes

avidam, moeniis et turrium constructione munitam. Qui dum agnosceret, magnas Deo referebat laudes, per callem descendebat ad portum amnis. Erat namque dies dominicus, cuius ad sollemnitatem, missarum celebratione, qui commorabant cum magna devotione ad sancti martyris pergebant ecclesiam. Quibus religiosus vir senex in comitatu latenter adiunctus est, et dum portum pervenissent, puppem ingressus, transmisso amnis fluenta, ad portum salubrem plagae urbis, ad beati Dei martyris — ut vir nocturnisque temporibus, ante lectum illius qui adstabat, divinitus praeciperat — perrexit ecclesiam. Quam ingressus terraeque prostatus, cum lacrimis maximas Deo referebat laudes, qui speranti in se ex tot angustiis ex sui sacri martyris meritis eruere dignatus est.

Completo iam missarum sollemnitate, religioso sene extra aditum ecclesiae regresso, panem quem gremio commendaverat, cuius fortitudine tot spatia conplevit itineris, in alimentum corporis sibi sufficienter tertiae portionis utebatur duasque panis portionis de gremio pertulerat et coram cunctis adstantibus particulatim pauperibus dividerat: merita Dei martyris, in se per divinam providentiam ostensam, palam adstantibus produxerat. Quid aliud in panis augmentatione ostenditur, qui per continuis diebus quindecim suae portionis tertiae in Deo speranti viri sufficerat, nisi ut ipse in membris suis imitare per-

heiligem Märtyrer und die weit ausgedehnte, mit Mauern und Turmbauten bewehrte Stadt. Als er sie erkannte, pries er Gott, und stieg den Pfad zu dem Anlegeplatz am Fluß hinab. Es war aber ein Sonntag, zu dessen feierlichem Meßgottesdienst die Einwohner mit großer Andacht zur Kirche des heiligen Märtyrers gingen. Ihrem Zuge schloß sich der fromme alte Mann unbemerkt an, und als sie an den Anlegeplatz kamen, stieg er auf das Schiff, setzte nach dem schutzgewährenden Hafen auf der Stadtseite über den Strom und ging weiter bis zur Kirche von Gottes heiligem Märtyrer — wie der Mann, der zu nächtlicher Zeit vor seinem Bette stand, es ihm in Gottes Namen befohlen hatte. Dort trat er ein, warf sich zu Boden und brachte unter Tränen Gott die höchsten Lobpreisungen dar, der den auf ihn Hoffenden um der Verdienste seines heiligen Märtyrers willen gnädig solchen Nöten entriß.

43 Als nun die Feier der Messe vollendet war, trat der fromme Alte wieder aus dem Tor der Kirche. Von dem Brot, das er in seinem Gewande geborgen und durch dessen Kraft er einen so weiten Weg vollbracht hatte, hatte er ein Drittel zur ausreichenden Nahrung seines Leibes gebraucht; die zwei Drittel des Brotes hatte er in seinem Gewand mitgebracht und teilte sie vor den Augen aller Umstehenden stückweise den Armen aus. Offen verkündete er allen, die dabeistanden, die Verdienste von Gottes Märtyrer, die durch die göttliche Vorsehung an ihm erzeigt waren. Was anderes zeigt sich in der Vermehrung des Brotes, von dem ein Drittel fünfzehn Tage hindurch dem Manne, der auf Gott hoffte, genügt hatte, als daß Gott einem seiner Glieder erlaubte, ihn

misisset, id est in eius gloria martyris, qui summi imitatione capitis et amore cruorem fuderat? Qui per semet ipsum quinque panibus numero populorum satiavit milia quinque, qui per capitis providentia duodenos conplevit ex fragmentorum cophinos, in gloriam membris sui remanere duas sinebat panis portiones.

Dum huius viri senicis in sancti Dei martyris gloriam revolveram, repente ad memoriam venisse me contigit rem, quam narro. Quadam die puellula in nostrisque subiacentibus diocenis primo diluculo progressa ad congregationem cure pastoris, suique genitoris pecoras eicere dum fuisset, contigit, eam cuiusdam quem ignoro spiritum recipisse, ita ut nihil in alimentum tam edendi genus quam potandi sumeretur et sic ieiuniis per diebus permaneret multis. Facta autem parentorum ad eam collectio non modica, qui eam obsecrando atque increpando cibum sumere cogebant. Illa autem modisque omnibus alimentum recipere recusabat et huius delectationem in suis membris minime sentire professa est. Ille autem praedicti puellae paxillum in os vim inprementes, aqua cum lacte mixtam infundentes; cuius propinationis gluttum dum sorberet invita, statimque erecto capite, cum sanguine mixtum revomeret.

Dum haec se minime proficere parentes eius cernerent, dimiserunt. Inito ab his consilio, ut eam summi praesentarentur pontifici, cuius sub cure pastoralis fuerat constituta; quae prode-

nachzuahmen, auf daß sein Märtyrer verherrlicht würde, der in Nachahmung des höchsten Hauptes und aus Liebe zu ihm sein Blut vergossen hatte? Der durch sich selbst mit den fünf Broten fünftausend von dem Volk sättigte, der durch die Vorsorge des Hauptes zwölf Körbe mit Brocken füllte, der ließ zur Verherrlichung eines seiner Glieder zwei Drittel des Brotes übrigbleiben.

44 Während ich zum Ruhme des heiligen Märtyrers Gottes dieses alten Mannes gedachte, geschah es, daß mir plötzlich die Begebenheit ins Gedächtnis kam, die ich nun berichte. Eines Tages ging ein Mädchen in dem uns unterstellten Sprengel früh in der Dämmerung zum Sammelplatz der Herden, um zu hüten. Und als sie das Vieh ihres Vaters austreiben wollte, geschah es, daß sie von einem, den ich nicht kenne, verhext wurde, so daß sie keine Nahrung zu sich nahm, weder zu essen noch zu trinken und so viele Tage nüchtern verweilte. Es kam aber eine nicht geringe Schar von Verwandten zu ihr, und sie versuchten, sie unter Bitten und Schelten zu zwingen, Speise zu sich zu nehmen. Jene aber weigerte sich auf alle Weise, Nahrung anzunehmen, und erklärte, daß sie in ihren Gliedern keinen Genuß davon empfinde. Da zwängten sie dem Mädchen mit Gewalt ein wenig den Mund auf und gossen Wasser mit Milch gemischt hinein; kaum hatte sie widerwillig einen Schluck des Dargereichten getrunken, als sie den Kopf aufrichtete und es mit Blut gemischt ausspie.

45 Als ihre Eltern merkten, daß sie damit nichts erreichten, ließen sie ab. Sie kamen zu dem Entschluß, sie dem Bischof zu zeigen, unter dessen oberhirtlicher Sorge sie stand. Als sie

cessore nostro beatae memoriae Ioseppo episcopo, cui Deo auctore successi in honore, praesentata dum fuisset, qui eam per manum inquisitione arguere studuit, in eisque praesentiae exiguitatibus ut alimentum sumeret. Illa autem quasi quisquiliis necessitate edendi pertulisse in membris nec famis se sentisse penuriis professa est. Res autem mira, ut sine alimentum annum perduravit integrum et operationem manuum non amisit; sed tantum quod pallidam faciem ex cibi recusationem expressit. Cuidam per divina inspiratione secreta cordis monuit, ut eam ad beati Dei martyris ecclesiam ducere debuissent. Quae dum ex difficultatem et itineris prolixiore spatio ad beati Dei martyris corpore adducere recusassent, tamen ad venerandum locum, ubi beatus pontifex gloriosum consummavit martyrium, perduxerunt. Quae intra meniis aditum ingressa dum fuisset, prostrato corpore dum orasset, statim edenti intra visceribus stomacho animus aderat, ita ut ex aviditate corporis, ut potuit, citius surrexit et panem sibi ad manducandum poposcit. Et dum adductus ei fuisset, cum gratiarum actione suscepit et tanta securitate coram adstantibus sumpsit, acsi umquam ex cibo prohibito non fuisset.

Sed quid aliud sciendum est, nisi ut Dominus martyris sui merita ostendere voluisset, ut cunctis palam daretur in terris, quibus honoris fulgeretur in caelis? Sicut de caeco veritas disci-

vor unseren Vorgänger, den Bischof Joseph seligen Andenkens, geführt wurde, dem ich durch Gottes Willen im Amt nachgefolgt bin, da bemühte er sich, sie durch Auflegen der Hände dazu zu bringen, daß sie in Gegenwart ihrer Eltern ein wenig Nahrung zu sich nähme. Sie aber erklärte, sie habe keinerlei Notwendigkeit etwas zu essen an sich empfunden und das Mangelgefühl des Hungers nicht gespürt. Es ist aber eine merkwürdige Tatsache, daß sie ohne Speise ein ganzes Jahr ausgehalten und doch die Fähigkeit zu arbeiten nicht verloren hat; nur in der Blässe ihres Gesichtes drückte sich das Verweigern von Nahrung aus. Schließlich gab durch göttliche Inspiration die geheime Stimme des Herzens jemandem den Rat, sie müßten das Mädchen zur Kirche von Gottes heiligem Märtyrer führen. Zwar lehnten jene wegen der Schwierigkeit und der Länge der Reise ab, sie zum Leib von Gottes heiligem Märtyrer zu bringen; sie geleiteten sie jedoch zu dem verehrungswürdigen Ort, wo der heilige Bischof sein glorreiches Martyrium vollendet hatte. Als sie durch das Tor ins Innere eingetreten war und hingestreckt gebetet hatte, regte sich sogleich in ihren Eingeweiden die Lust zu essen, so daß sie vor leiblicher Begier so rasch sie konnte aufstand und für sich um Brot zum Essen bat. Und als es ihr gebracht worden war, empfing sie es mit Danksagen und nahm es so selbstverständlich in Gegenwart der Umstehenden zu sich, als wäre ihr niemals die Lust am Essen versagt gewesen.

46 Aber was anderes kann man daraus entnehmen, als daß der Herr die Verdienste seines Märtyrers zeigen wollte, damit allen auf Erden offenbar würde, mit welchen Ehren er im Him-

pulis suis informat pectora, ut parentorum nec suo hoc contigisse peccato, sed Dei pro ostensionis gloriae in illo. Ita namque praedictae puellae contigisse existimo in miraculis, quibus praevalent de superna pietatis providentiam se poscentibus intercedendo dimittere peccatis, ut per visibilia eximia ecclesiis ipsius quae coruscant miracula remittere ipsum intercedendo informemur peccata.

Nam si ea que per memet ipsum didici huius viri miracula, aut quae fidelium narratione innotui, quibus adhuc cotidie erga eius corpore fulminantur tot insignes virtutes — —, stilus scribendi, ut estimo, non sustinet. Sed ea quae depromsimus pro reverentia viri Dei et veneramus ipsumque Deo devotum supplicamus, ut misero subveniat Cyrino peccatori.

EXPLICIT VITA VEL PASSIO SANCTI
HAIMRAMMI MARTYRIS.

mel glänzt? Gleich wie die Wahrheit über den Blinden die Herzen ihrer Jünger belehrt, daß dies weder durch seiner Eltern noch durch seine eigene Sünde geschehen sei, sondern auf daß Gottes Gnade sich an ihm zeige. So aber glaube ich, ist an jenem Mädchen eines der Wunder geschehen, in denen er durch die Vorsehung der himmlischen Gnade stark ist für jene, die bitten, daß durch seine Fürbitte Sünden vergeben werden möchten, damit wir durch die sichtbaren außerordentlichen Wunder, die in seinen Kirchen leuchten, die Belehrung empfangen, daß durch seine Fürbitte Sünden erlassen werden.

47   Wollte ich jedoch die Wunder dieses Mannes, die ich selbst erfahren habe, oder die mir durch die Erzählung der Gläubigen zu Ohren gekommen sind, und durch die auch heute noch täglich im Bereich seiner Reliquien so viel hervorragende Kräfte erstrahlen — —, der Griffel des Schreibenden hielte es, wie ich meine, nicht aus. Aber das ist es, was wir aus Verehrung für den Mann Gottes dargeboten haben, und wir verehren ihn, der Gott ergeben war, und bitten ihn, daß er dem elenden Sünder Cyrinus beistehen möge.

ZU ENDE IST DAS LEBEN UND LEIDEN DES HEILIGEN MÄRTYRERS EMMERAM.

ANHANG

Nachwort

Am Beginn der bayerischen Literatur steht die
Gestalt des Freisinger Bischofs, der zum erstenmal die Legenden des Heiligen seiner Kirche und
des Regensburger Nachbarsprengels niederschrieb.
Arbeo, d. h. ‚Erbe‘, was er selbst gelehrt in
Heres oder, nach einer Deutung des Landpfleger-
namens aus dem Evangelium, in Cyrinus zu übertragen liebte, ist im ersten Drittel des VIII. Jahrhunderts geboren. Seine Heimat ist die Gegend
von Mais bei Meran; im ‚Leben des hl. Korbinian‘
erzählt er, wie der Heilige ihm als Kind bei einem
gefährlichen Sturz am steilen Ufer der Passer das
Leben rettete. Ausdrücklich nennt er sich einen
Bayern, und wahrscheinlich gehörte er zum Adels-
geschlechte der Huosi. Da aber in seiner Heimat
zwischen den germanischen Eroberern noch starke
Reste einer alpenromanischen Bevölkerung fort-
bestanden, die allmählich in der herrschenden
Schicht aufgingen, so ist es wohl möglich, daß auch
Romanen zu seinen Vorfahren zählten. Mit den
Verhältnissen in Oberitalien war er vertraut. Im
Langobardenreiche erhielt er in jungen Jahren
jene juristische Ausbildung, die im später bei
seiner Tätigkeit im Dienste der Freisinger Kirche
zugutekam. Die von ihm für Freising verfaßten
Urkunden bewahren charakteristische langobar-
dische Formeln; ebenso entspricht die Titulatur

‚summus princeps' für den Bayernherzog (Vita Haimhr., Kap. 15) langobardischer Gepflogenheit.

Durch den Bischof Ermbert von Freising, seinen ‚Ernährer', wurde Arbeo in den dortigen Klerus aufgenommen. Im Jahre 754, in dem die von ihm abgefaßten Urkunden einsetzen, erscheint er als Archipresbyter. Neun Jahre später wurde er mit der Abtei Scharnitz betraut. Schon zwei Jahre danach (765) wurde er an die Spitze des Freisinger Bistums berufen, und er lenkte dessen Geschicke bis zu seiner Resignation, die um die Jahreswende 782/783 stattfand; am 4. Mai 783 ist er gestorben. Was er für den Besitzstand und die Rechte der Freisinger Kirche erreicht hat, steht in den Urkunden, die im IX. Jahrhundert der fleißige Cozroh abgeschrieben und dadurch gerettet hat. Nach Arbeos Willen wurde im ersten Jahre seines Bischofsamtes der hl. Korbinian von Mais nach Freising überführt. Weiter fallen in seine Zeit mehrere bayerische Synoden; Zusätze, die das bayerische Volksrecht damals erfährt, sind wahrscheinlich von ihm redigiert. In der wachsenden Spannung zwischen den fränkischen Oberherrn und Herzog Tassilo III. begünstigte Arbeo ebenso wie die anderen Bischöfe die fränkische Politik.

Aber Arbeos Tüchtigkeit erschöpfte sich nicht im praktischen Handeln. Die Neigung zu höherer Geistesbildung, zum ‚heiligen Studium der freien Wissenschaften', wie er in der Emmerams-Vita sagt, ist wohl zuerst in Oberitalien in ihm geweckt worden. Während er aber mit den Mitarbeitern und Schülern des Bonifatius, durch die damals angelsächsische Gelehrsamkeit nach Deutschland verpflanzt wurde, wenig Fühlung gehabt zu haben scheint, hatte er das Glück, in dem Iren Virgil einem der gelehrtesten und geist-

reichsten Männer seiner Zeit zu begegnen. Dieser war in einer Mission Pippins nach Bayern gekommen; der Herzog Odilo übertrug ihm das Salzburger Bistum, und nachträglich empfing er auch die Weihe. Bonifatius, der das Wirken der irischen Wanderpriester und -bischöfe zu unterbinden suchte, verklagte Virgil in Rom wegen seiner Lehre, es gäbe Antipoden; Virgil zu stürzen, gelang ihm nicht. Es ist kürzlich durch eine glänzende Entdeckung dargetan worden, auf welche Weise der Angegriffene sich den Triumph einer stillen Rache verschaffte. Im Jahre 768 oder bald danach schrieb Virgil eine gelehrt-satirische Weltbeschreibung, die die früheren Auseinandersetzungen mit Bonifaz spiegelt und Freunde und Gegner durch unerhörte Nachrichten von fernen Ländern irreführte; er verbarg sich in diesem Werk hinter dem Pseudonym eines vielbelesenen und weitgereisten Kosmographen Aethicus, dessen Werk der Kirchenvater Hieronymus übersetzt habe, und die Täuschung gelang. Auf die Anregung des gelehrten Iren geht nach allem, was wir wissen, die Gründung der ersten ständigen Salzburger Schreibschule zurück, aus der noch eine Anzahl von Handschriften erhalten ist.

Wenn nun in Freising unter Arbeo ebenfalls zum erstenmal eine Gruppe von Schreibern sehr beträchtliche Leistungen vollbrachte und für ihn eine Bibliothek geschaffen wurde, konnte das Salzburger Vorbild sowohl Anregungen vermitteln wie auch durch die Ausleihe von Texten zum Aufbau beitragen. Zu den Bänden, die nach fast 1200 Jahren noch von der Bibliothek Arbeos zeugen, gehören Bücher der Bibel und Bibelerklärungen, besonders von Gregor dem Großen, Briefe des Hieronymus, die christliche Weltgeschichte

des Orosius, Heiligenleben und — die ‚Kosmographie des Aethicus'.

Es ist weiterhin wahrscheinlich gemacht worden, daß in Freising auf Arbeos Veranlassung das älteste althochdeutsche Wörterbuch entstand. Endlich machte sich Arbeo daran, zwei Heilige durch die Aufzeichnung ihres Lebens und der von ihnen gewirkten Wunder zu verherrlichen, die in Bayern längst als Fürbitter angerufen wurden: den Märtyrerbischof von Regensburg und den Patron seines, des Freisinger Bistums. Auch dazu wurde er von Virgil ermutigt, und in der bombastischen Widmung der Vita s. Corbiniani stattete er seinem Meister den Dank ab.

Von den beiden Schriften ist meist die Korbinians-Vita als die ältere angesehen worden; auch ihr Herausgeber Bruno Krusch, dem das größte Verdienst um die Verständlichmachung der schwierigen Texte zukommt, hat sich dafür ausgesprochen. Die Entschlüsselung der ‚Aethicus-Kosmographie' hat jedoch dieser Frage eine neue Wendung gegeben. Es deutet zwar nichts darauf hin, daß Arbeo ihr Geheimnis geahnt habe, aber er hat sie gelesen, und die Lektüre hat in der Vita Corbiniani eine Spur hinterlassen, die in der Vita Haimhrammi an ähnlicher Stelle fehlt. So ist die Entstehung jener frühestens 768 anzunehmen; die Vita Haimhrammi ging voraus, und in ihr besitzen wir die älteste literarische Schöpfung eines Bayern.

Der Stoff und seine Gestaltung:

Die geschichtlichen Angaben, die Arbeo selbst über Haimhramm-Emmeram zu machen weiß, sind unbestimmt genug. Er läßt ihn, wie Korbinian, von einem Herzog Theodo empfangen werden, zu dessen Zeit die Bayern noch nicht lange

zum Christentum bekehrt waren. Doch welch ein Unterschied in den beiden Viten. Im Leben Emmerams werden als Kinder dieses Herzogs nur die beiden genannt, die an dem Heiligen schuldig werden und im Exil enden, während sonst jede Anspielung auf bekannte Persönlichkeiten oder datierbare Ereignisse fehlt. In der Vita Korbinians dagegen, dessen Weg den von Hausmeiern, Päpsten, Bayernherzögen und Langobardenkönigen kreuzt und dessen Todesjahr sich festlegen läßt, ist Theodo der Vater der beiden regierenden Teilherzöge, mit deren Schicksalen das Leben Korbinians so eng verbunden ist. Dadurch wird der Theodo der Vita Corbiniani als jener geschichtlich gut faßbare Herzog bestimmt, der im Jahre 716 als erster Bayer die Schwellen der Apostel besuchte. Es ist der Schutzherr Ruperts, des ersten Bischofs von Salzburg; seiner gedenkt das Salzburger Verbrüderungsbuch, das Bischof Virgil gegen Ende seiner Amtszeit anlegen ließ, an der Spitze der verstorbenen Herzöge. So ist es wohl möglich, daß die Gestalt dieses Agilolfingers, der als erster ,mit der Gewohnheit brach, die kirchlichen Dinge gehen zu lassen, wie sie eben gingen' (Hauck) und sich dadurch im Bewußtsein der kirchlichen Kreise verewigt hatte, guten Glaubens in die Vita Haimhrammi übertragen wurde, wo von den Beziehungen eines Bischofs zum Herrscher des Bayernlandes in längstvergangener Zeit gesprochen werden mußte.

In Wirklichkeit mag die Epoche Emmerams weit vor der Lebenszeit Korbinians liegen. Ihre sichere Festlegung ist nicht mehr möglich; die Tradition, die den Tod des Heiligen in das auf dem Grabstein in St. Emmeram eingehauene Jahr 652 verlegt, reicht über das XIV. Jahrhundert nicht zurück.

Schriftliche Quellen über Emmeram lagen Arbeo
für seine Darstellung nicht vor. Aber der Heilige war in Regensburg feierlich erhoben worden,
und schon war er neben dem Apostel Petrus
Patron des benachbarten Klosters. Am 22. Sep-
tember — wie noch heute — wurde seiner in der
Liturgie gedacht; schon in dem ältesten Rest eines
Missales aus Regensburg, der bis in die Mitte des
VIII. Jahrhunderts zurückgehen mag, steht zu
diesem Tage im Kalender ‚passio … sancti Em-
hramnis‘. Auch lokale Emmerams-Traditionen
einiger Orte der Freisinger Diözese waren Arbeo
bekannt und konnten von ihm herangezogen
werden.

Das Wirken des Bischofs, das zu schildern war,
lag jedenfalls weit vor der Ordnung der bayerischen Bistümer durch Bonifatius; es glich dem
der irischen Wanderbischöfe, denen Rom mißtrauisch gegenüberstand und die Bonifaz be-
kämpft hatte. Emmerams Andenken konnte der
Makel der Irregularität und des keltischen Chri-
stentums, der sogar bei Korbinian anklingt und
der historischen Wirklichkeit entsprechen dürfte,
umsoweniger treffen, als er nach Arbeos Darstellung aus Poitiers stammte und zunächst dort
Bischof war; freilich eine Bestätigung für diese
Angabe aus anderen Quellen findet sich nicht.
Auch sein Name ist ja germanisch: ‚Haim-hraban‘,
‚häuslicher Rabe‘, wie Arnold von St. Emmeram
im XI. Jahrhundert erläutert. Über seine Abstammung weiß Arbeo nichts Näheres, etwa daß, wie
Korbinians Mutter Korbiniana, seine Mutter
Hemmerilla, sein Vater Anastasius geheißen habe
usw., wie eine spätere Aufzeichnung der ‚aller-
heiligsten Sippe‘ Emmerams behauptet.

Ungleich dem von Reisen und Abenteuern,
Ehren und Gefahren begleiteten Leben Korbi-

nians, dessen Wunder z. T. das hagiographische Schema durchbrechen, entbehrt das Leben Emmerams zwischen der konventionell geschilderten Missionsreise und dem Martyrium aller bewegten Momente. Arbeo hat sich darauf beschränkt, Emmeram mit den typischen Zügen zu schmücken, die der Idealvorstellung von einem aszetischen Bischof zukamen. Erst damit, daß der ‚Krieger Christi' das Martyrium als sein Ziel erkennt, wird die Erzählung ausführlicher.

Die Voraussetzungen für ein solches schienen in seiner christlichen Umwelt, in der nur in dem häuslichen Brauchtum noch heidnische Gewohnheiten fortlebten, in keiner Weise mehr gegeben; darum legt Arbeo den Nachdruck darauf, daß Emmeram eine fremde Schuld auf sich nimmt und bewußt dafür in den Tod geht. Daß gegen einen Heiligen der Vorwurf der Unkeuschheit erhoben wird, kehrt als Motiv in der Hagiographie auch sonst wieder; bei Arbeo selbst beschuldigt ein Mädchen leichtfertig den toten Korbinian, und ebenso muß sich z. B. der hl. Goar von dem Verdacht befreien. Im Emmeramsleben spricht nicht sogleich ein Wunder für die Reinheit des Heiligen; sondern auf die falsche Beschuldigung folgt ohne Untersuchung der jähe Mord an dem Bischof, der vergebens den Wunsch äußert, nach dem kanonischen Recht gerichtet zu werden. Es muß darum auf eine Parallele hingewiesen werden, bei der dieselben Dinge zusammentreffen, freilich nicht in literarischem Zusammenhang, sondern in rechtlicher Betrachtung.

Das alte bayerische Stammesrecht, die Lex Baiwariorum, die in der überlieferten Form kurz vor der Mitte des VIII. Jahrhunderts redigiert worden ist, aber einen älteren Kern besitzt, enthält die in den Germanenrechten einzig dastehen-

de Strafandrohung: ‚Wenn einer den Bischof tötet, den der König eingesetzt oder den das Volk sich zum obersten Priester erwählt hat, soll er dafür dem König oder dem Volk oder seiner Sippe folgender Satzung gemäß entgelten. Es soll nach dessen Gestalt ein Bleigewand angefertigt werden, und was dasselbe an Gold wiegt, soviel soll der geben, der ihn getötet hat'. Weiter heißt es: ‚Und wenn der Bischof jemandem gegenüber mit Schuld beladen erscheint, so vermesse sich jener nicht, ihn zu töten, sondern er lade ihn vor das Gericht... Und wenn er des Verbrechens überführt nicht leugnen kann, dann soll nach den Kanones über ihn das Recht gesprochen werden... Wegen Totschlags, wegen Unzucht, wegen Hochverrats, wenn er die Feinde ins Land gelockt hat und jene verderben will, für deren Heil er wirken müßte, werde er entsprechend dieser Schuld verurteilt.' Wieweit eine solche Vorschrift zurückreicht, ist ebensowenig sicher zu ermitteln wie die Zeit Emmerams. Nicht mehr als eine Wahrscheinlichkeit spricht dafür, daß ein historisches Ereignis den Anlaß gab, diese Buße für Bischofsmord festzusetzen und für die rechtliche Behandlung behaupteter oder erwiesener schwerer Verfehlungen eines Bischofs Rechtsatzungen zu erlassen; dies Ereignis kann sogar die Ermordung Emmerams gewesen sein. Nehmen wir aber an, es hätten Arbeo für seine Legende gar keine Nachrichten über Emmeram zur Verfügung gestanden außer einer dunklen Überlieferung von dem gewaltsamen Ende des Bischofs, so brauchte er die in diesem einen Titel des Bayernrechts enthaltenen Elemente nur aufzugreifen, um in seiner Darstellung dem bloßen Faktum Hintergrund und Relief zu geben. Von den drei schweren Anklagen gegen den Bischof, deren jede er-

regende Perspektiven in sich barg, mußte sich der Vorwurf der Unzucht für die moralisierende Begründung von Emmerams Passion am besten eignen. Daß es Arbeo weder an Phantasie gebrach, die rechte Stimmung für eine Szene zu finden, noch an Mutterwitz für das rechte Wort, erfährt der Leser zur Genüge.

Für die grausige Ausmalung der Marterszene hat Arbeo sich durch eine Schilderung aus der Zeit der Christenverfolgungen anregen lassen; dazu hat er die Marter des merowingischen Bischofs Leodegar gefügt und beides noch überboten. Auch das Gericht, das über die Verfolger des Heiligen kommt und die Darstellung seiner Überführung nach Regensburg sind der hagiographischen Topik verpflichtet. Je mehr Arbeo aber erzählen kann, ,was er selbst erlebt oder durch die Gläubigen erfahren hat‘, um so reicher ist der kulturgeschichtliche Gehalt, um so reizvoller die Lebensnähe der bescheidenen ,Wunder‘. Die Geschichte des ,frommen Alten‘ mit der großartigen Verdichtung des Landschaftsbildes am Schluß ist sein Meisterstück, — auch wenn hier Anregungen aus Hieronymus‘ Vita sancti Malchi mitverarbeitet worden sind.

Hinter der Verherrlichung des wundermächtigen Heiligen steht aber für Arbeo noch etwas anderes. Es ist in der Hagiographie üblich, das Leben des Heiligen mit biblischen Maßstäben zu messen, es durch Bibelworte zu erläutern, ja auf die Christusähnlichkeit seines Wandels hinzuweisen. Selten aber ist in einer frühen Heiligenvita derart Zug um Zug moralisch und theologisch ausgedeutet wie im Emmerams-Leben. Als ,Hirt und Arzt des Seelen‘, wie der Bischof sich in einer Freisinger Urkunde nennt, hat er den Christen seiner Zeit eine kräftige Predigt ge-

schrieben; ist es dabei bisweilen schwer, Arbeo in
seinen biblischen Gedankengängen zu folgen, so
hat er es in den sittlichen Ermahnungen an Deut-
lichkeit nicht fehlen lassen.

Die sprachliche Form:

Arbeos Heiligenleben bieten sich in einer
Sprache dar, die dem Kenner des antiken La-
teins monströs erscheinen muß. An der Schwelle
des Zeitalters Karls des Großen entstanden, zeigen sie eben noch, wie sehr das grammatische
System aus den Fugen gehen konnte. Nicht als
Muttersprache, aber durch die Berührung mit
den Romanen des Etschtals war dem Bayern Arbeo seit seiner Kindheit ein gesprochenes, roma-
nisiertes Vulgärlatein vertraut, das die Aussprache und die grammatische Form des Lateinischen verwirren mußte. Aber nicht nur dies;
auch in einem großen Teil der lateinischen Bücher, seien es Gesetzestexte, Formelsammlungen,
wie deren der Urkundenschreiber bedurfte, oder
selbst liturgische und biblische Texte, sah der
Schriftkundige der damaligen Zeit sich ständig
von barbarischem Latein umgeben. Erst die ka-
rolingische Renaissance hat mit Hilfe der Angel-
sachsen und Iren stufenweise den Maßstab für
die sprachliche Korrektheit wiedergewonnen.
Die Orthographie zeigt Regellosigkeit sowie
den Einfluß romanischer Aussprache. In der
Flexion sind sehr häufig die Deklinationsklassen
und die Konjugationen vertauscht; Verbalformen
sind mit dem falschen Stamm gebildet. Den lästig-
sten Anstoß verursacht die scheinbar willkürliche
Vertauschung von Aktiv, Passiv und Deponens.
Diese Züge der Formenlehre vermischen sich mit
Eigentümlichkeiten der Syntax. Während es bei
Verbindungen auf der einen Seite an Kongruenz

fehlt, nehmen andererseits das übergeordnete und das abhängige Wort den gleichen Kasus oder die gleiche Endung an; der normale Kasusgebrauch nach den Präpositionen ist verlassen. Es herrscht eine Vorliebe für seltene Wörter, die hauptsächlich in Glossaren ihr Dasein fristeten; daneben stehen ganz singuläre Analogiebildungen und unbelegte Wörter. Einige Wörter, die an andere anklingen, haben nach jenen neue Bedeutungen erhalten, sofern nicht gar Verwechslungen vorliegen; so nimmt ‚tot' im Schatten von ‚totus' den Sinn ‚alle' an, ‚diurnus' steht für ‚diuturnus'; ‚debere' ist zu einem vielgebrauchten Hilfsverb mit schillernder Bedeutung geworden. Es nimmt nicht wunder, daß auch die Satzkonstruktion höchst mangelhaft ist; sie ist stark substantivisch und partizipial, oft fehlt ein regierendes Verbum. Angefangene Perioden sind nicht mehr gezügelt und verlaufen ins Leere.

Aber der Umstand, daß so häufig Perioden versucht sind, führt bereits zu der anderen Komponente von Arbeos Sprache hinüber. Denn der formalen Mangelhaftigkeit begegnet ein verkrampftes Bemühen um hohen Stil, Schwulst und rhetorischen Prunk. Hier und da erzählt er zwar ganz schlicht im Stil oder sogar mit Worten der Evangelien. Eine Vorliebe zeigt sich für Stilblüten aus Gregors ‚Dialogi', von denen manche mehrfach verwendet werden (Kap. 2 und 7; 31 und 47). Besonders aber liebt er die Häufung und Ballung seiner gewählten Worte und ihre unnatürliche Verschränkung, die von Rücksichten des rhythmischen Cursus mitbestimmt ist. Zu dem stilistischen Unfug der Spätzeit gehört das Auseinanderreißen von zusammengesetzten Wörtern (alti- Deo throni; pro- et nepotibus), für das man bei Arbeo unnötigerweise die Lehren des abstru-

sen Grammatikers Virgilius Maro aus dem VII. Jahrhundert verantwortlich macht. Anscheinend zeigt sich bei ihm der Niederschlag einer in Italien erhaltenen rhetorischen Ausbildung, die noch von spätantiker Tradition beherrscht war. Durch den Verkehr mit Virgil mag die in der Jugend ihm eingepflanzte Stilrichtung weiter genährt worden sein; denn in der Widmung des Korbinians-Lebens hat er seine sonstige wilde Sprachschönheit noch weit übertroffen.

Überlieferung und spätere Bearbeitungen:

Nur eine einzige Handschrift der Emmerams-Vita, Paris lat. 2990 A aus dem frühen IX. Jahrhundert, hat dieses sprachliche Bild in ungefährer Unversehrtheit bewahrt; was sich über ihre Abstammung vermuten läßt, macht sie umso vertrauenswürdiger. Der Schriftcharakter dieser Handschrift weist auf das nordostfranzösische Kloster Saint-Amand, dessen Abtswürde bis 821 der Erzbischof Arn von Salzburg bekleidete. In Salzburg, dem Sitz des mit Arbeo befreundeten Virgil, mußte der originale Text zugänglich sein. Ebenso ist der barbarische Text der Korbinians-Vita paläographisch gut beglaubigt; die einzige Handschrift ist unter Bischof Baturich (817—848) in Regensburg geschrieben. In den übrigen, viel jüngeren Handschriften dieser Fassung der Vita Haimhrammi ist die ungeregelte Sprache Arbeos von den Abschreibern mehr oder weniger geglättet; seltene Wörter wurden durch geläufige ersetzt und manches umgedeutet. Erst jüngere Handschriften lassen das Geleit des sterbenden Emmeram aus ,zweihundert' Männern bestehen. Eine stärkere Umarbeitung, die dem gereinigten Sprachempfinden der Karolingerzeit entgegenkam, entstand im IX. Jahrhundert. Hier ist das

unklare und bedenkliche Räsonnement über die
verschwundenen Glieder gestrichen; auf der anderen Seite ist in Kap. 28 ein tendenziöser Zusatz
eingefügt, der die Entthronung und das Aus-
sterben des Agilolfingerhauses als Folge der
Blutschuld an Emmeram darzustellen scheint:
‚denn klärlich ist es recht und gerecht, daß ... das
Blut eines solchen Mannes schließlich über den
nachfolgenden Stamm kam, sodaß aus der ganzen gewaltigen Nachkommenschaft gleichsam im
Verlaufe weniger Jahre keiner übrig blieb, der
vom Herrn die väterliche Herrschaft zu empfangen verdiente‘. Diese Fassung entstand wohl
sicher in Regensburg; eine der ältesten Handschriften (St. Gallen 556) wurde durch Abt
Grimald von St. Gallen, wie es scheint, vom Hofe
Ludwigs des Deutschen mitgebracht.

In der ersten Hälfte des XI. Jahrhunderts versuchte der Emmeramer Mönch Arnold, die alte
Passio zu verbessern, doch die Mitbrüder wider-
setzten sich, und Arnold mußte nach Sachsen
weichen. Hier bat er Meginfrid, den Lehrer an
der Magdeburger Domschule, die Arbeit zu über-
nehmen; als Arnold, inzwischen Propst geworden, dessen stilistische Erneuerung, um einen
eigenen Anhang über die Wunder des Heiligen
vermehrt, im Kloster überreichte, wurde sie an-
erkannt. Später schrieb Arnold noch ein anderes
weitschweifiges Buch, das, an den Kult des hl.
Emmeram anknüpfend, die Geschichte des Klosters und sein Verhältnis zu den Regensburger
Bischöfen behandelt. Er bezeugt die Verehrung
des Heiligen in Ungarn; Arnold selbst hat für
den Erzbischof Anastasius von Gran ein neues
Emmeramsoffizium anstelle jenes alten gedichtet,
das wohl für die Avarenmission geschaffen war
und in der besten Handschrift des Arbeo-Textes

mit überliefert ist. In panegyrischen Homilien haben Arnold und ein Zeitgenosse von ihm, der sich mit latinisiertem Namen ,Gens constans' nennt, den Heiligen verherrlicht. In diesen Jahren, als das Problem einer Neugestaltung der Vita die Gemüter beschäftigte und erhitzte, kam ein anderer Mönch, Hartwic, vom Studium an der berühmten Domschule in Chartres in das Emmeramskloster zurück, wo er vielleicht von 1028 bis 1030 die Abtswürde bekleidete. Auch er hat am Emmeramsleben gearbeitet. In der neumodischen Weise, die er wohl in Frankreich kennen gelernt hatte, begann er, nach Arbeos schwerfälliger, pastoraler Prosa leichtfüßige Verse zu dichten, z. T. mit recht gelungenem Ausdruck; so:

> Mox unus choro prosilit
> scitum, quis sic advenerit,
> et sancto clamans retulit:
> ,Hostis te, pater, impetit!'

> Tum omnes mente pavida
> quesivere latibula,
> sparsusque grex in medio
> patrem liquid periculo.

Aber gerade bei diesen Strophen ist die Arbeit stecken geblieben, und man kann sich kaum vorstellen, daß die Mönche sich mit dem novellistischen Tonfall abgefunden hätten.

Nach Meginfrid und Hartwic ist keine neue Bearbeitung der Emmerams-Vita mehr erfolgt. Das hängt wohl damit zusammen, daß gerade im XI. Jahrhundert in St. Emmeram neben die Verehrung des bayerischen Märtyrers zwei neue Kulte traten. Im Jahre 1049 überraschten die Mönche die Mitwelt mit der kühnen Behauptung, in ihren Mauern seien die Reliquien des hl. Dionysius aufgefunden worden, womit Frankreich eines seiner größten Heiltümer streitig gemacht

wurde. Drei Jahre später wurden die Gebeine des hl. Wolgang, des großen Regensburger Bischofs und Ungarnmissionars, feierlich erhoben und in St. Emmeram beigesetzt. Beide Ereignisse stehen im Zusammenhang mit den Bestrebungen des Klosters, den Bischöfen gegenüber seine Selbständigkeit zu behaupten, die schon bei Arnold sichtbar werden und jahrhundertelang einen großen Teil der Kräfte des Klosters beanspruchten.

Bildliche Darstellungen:

Die ältesten bildlichen Darstellungen des hl. Emmeram stammen aus dem XI. Jahrhundert. Auf dem Herrscherbild des prächtigen Sakramentars, das in Regensburg für Heinrich II. geschrieben und gemalt wurde, stehen Emmeram und der hl. Ulrich von Augsburg dem von Christus gekrönten Kaiser zur Seite; wie Aaron und Hur die Arme des betenden Moses, so stützen sie die Arme des Kaisers, der das Reichsschwert und die heilige Lanze emporhält. Emmeram ist auf diesem Bilde der Bischof, nach frühmittelalterlicher Weise ohne ein Zeichen seines Märtyrertums (Taf. I); so auch in dem Widmungsbild eines von Hartwic geschriebenen Codex und in zwei Minaturen des Evangeliars Heinrichs IV., das sich in Krakau befindet. In der Mitte des XI. Jahrhunderts, kurz nachdem die angeblichen Dionysiusreliquien gefunden worden waren, ließ der Abt Reginward (1049—1064) das Portal der Emmeramsbasilika durch die drei schönen Steinreliefs schmücken, die heute noch den Besucher des Gotteshauses grüßen; man setzt diese bahnbrechende künstlerische Auszeichnung mit der Erhebung der Wolfgangsreliquien und der Weihe der Wolfgangskrypta durch Papst Leo IX. in Beziehung.

Hier thront Christus, dessen Fußschemel ein Medaillon des Abtes zeigt. Zu seiner Rechten und Linken stehen Dionysius und Emmeram, eine Hand erhoben, mit dem Ausdruck schreckhaften Staunens; die Leiter, die Emmeram in die Hand gegeben ist und die auf sein Martyrium anspielt, ist späte Zutat (Taf. II).

Den tiefen Wandel in der Ikonographie der Heiligen, von der hieratischen Darstellung des erhöhten Gottesdieners zum individualisierten Bild des Märtyrers oder Bekenners, zeigt die Federzeichnung im Stuttgarter Passionale. Annähernd einhundert Viten und Passionen dieses Hirsauer Werkes aus dem frühen XII. Jahrhundert sind durch eine charakteristische Szene illustriert, die meist in die Initiale eingefügt ist. Das Martyrium Emmerams ist in schrecklicher Buchstäblichkeit gezeichnet (Taf. III.) In späteren Darstellungen (Taf. IV), so auf dem silbernen gotischen Reliquienschrein in St. Emmeram, der die Brustbilder der drei Heiligen Wolfgang, Dionysius und Emmeram zeigt, sind das Messer und die Leiter oder eins von beiden sein Attribut. Jedoch trägt die Figur auf der Tumba des Heiligen aus dem XIV. Jahrhundert außer dem Bischofsstabe nur die Palme; andere zeigen ihn als Bischof mit einem Buch.

Unter den Werken neuerer Zeit ragen die Malereien Cosmas Damian Asams in der von ihm und seinem Bruder barock umgestalteten Klosterkirche von St. Emmeram hervor: die Gruppe der Klosterpatrone im Deckengemälde des Langhauses, und die Szenen aus der Emmeramslegende über den Arkaden desselben, die mit Joachim Sandrarts Altarblatt einen Zyklus bilden. Am Marterort in Kleinhelfendorf wurden 1789 lebensgroße Holzfiguren des Heiligen

und vier seiner Peiniger aufgestellt, die ihm in derb-realistischer Weise die Glieder abhacken, kein Kunstwerk, sondern Schaustück einer bäuerlichen Wallfahrt.

*

Lenken wir von diesen Ausstrahlungen von Arbeos Werk in der späteren Literatur und in der Kunst den Blick noch einmal zurück auf das Emmeramsbüchlein selbst. Vom christlichen Irland, von der spanischen Grenze und von Rom, dem Sitz des Nachfolgers Petri und der bräutlichen Kirche, spannt seine Welt sich bis zum heidnischen Sachsenlande und bis Pannonien, wo ‚das starke Volk der Avaren‘ wohnt. Mitten darin dehnt sich das gesegnete Bayern, das mit seinen Bewohnern und seiner Landschaft, mit seinen Herzogshöfen, seinen Dorfkirchen und dem steinernen römischen Regensburg vor dem Leser lebendig wird. Erst Schauplatz für das Wirken des fremden heiligen Mannes, erfährt es aus seinem Tode neue Segenswirkungen. Denn die Emmeramsverehrung wird in dem Christentum der bayerischen Frühzeit zu einer belebenden Kraft, die das Volk in allen seinen Ständen verbindet und mitwirkt zu einer höheren Kultur.

Literaturhinweise

Text:

Arbeonis episcopi Frisingensis Vitae sanctorum Haimhrammi et Corbiniani rec. *Br. Krusch* (Mon. Germ. Hist., Scriptores rer. Germ. in usum schol.), Hannover 1920; verbessert gegenüber Kruschs Ausgabe der Vita Haimhr. in: Scriptores rerum Merovingicarum 4, Hannover-Leipzig 1902, S. 452 bis 526 (mit grundlegenden Einleitungen).

Sprache:

J. W. D. Skiles, The Latinity of Arbeo's Vita Sancti Corbiniani and the Revised Vita et Actus beati Corbiniani episcopi Frisingensis aecclesiae, Chicago 1938.

Arbeo:

K. Langosch in: Die deutsche Literatur des Mittelalters, Verfasserlexikon 1, Berlin - Leipzig 1933, S. 100—107.

G. Baesecke, Der altdeutsche Abrogans und die Herkunft des deutschen Schrifttums, Halle 1930, S. 117 ff., 135, 148 ff.

Ders. in: Beiträge zur deutschen Sprache und Literatur 68, 1945, S. 75 ff.

H. Löwe in: Rheinische Vierteljahrsblätter 15/16, 1950/1, S. 87—120.

Ders., Ein literarischer Widersacher des Bonifatius. Virgil von Salzburg und die Kosmographie des Aethicus Ister (Akademie der Wissenschaften und der Literatur Mainz, Abh. d. geistes- u. sozialwiss. Kl. 1951, 11), S. 11 ff.

(W. Wattenbach-) W. Levison, Deutschlands Geschichtsquellen im Mittelalter. Vorzeit und Karolinger 1, Weimar 1952, S. 144 f.

Emmeram:

R. Bauerreiss, Kirchengeschichte Bayerns 1, St. Ottilien (1949), S. 50 f.

B. Bischoff in: Studien und Mitteilungen zur Geschichte des Benediktiner-Ordens und seiner Zweige 51, 1933, S. 109—114. (Zur mittelalterlichen Emmerams-Literatur.)

Der Zwiebelturm, H. 9, 1952; enth. u. a. auszugsweise Übersetzung der V. Haimhr. von *J. Sturm*; *R. Messerer,* Kleinhelfendorf.

Zur Textgestaltung

Bei der Herstellung des Textes hat Krusch, wo angängig, die Handschrift Paris Lat. 2990 A, aus dem IX. Jh. (A 1), zugrundegelegt. Über ihre Herkunft s. oben S. 95. Sie geht vielleicht auf eine insular (irisch oder angelsächsisch) geschriebene Vorlage zurück; vgl. Schreibungen wie *Aussoniam* (S. 24, Z. 11); *fersum* (S. 32, Z.26), *Archaim* (S. 54, Z. 25), unten in der Aufstellung S. 52, Z. 11 und 23/24; *pretulisset* (S. 64, Z. 28). Deren Schriftbild könnte in dem von A 1 überlieferten Text die Verwirrung aktiver und passivischer Formen, der präpositionalen Vorsilben und der Relativpronomina noch gesteigert haben. Durch Blattverlust fehlt die Hs. A 1 für S. 6, 1 — 10, 2 *(famulus)* und 18, 1 *(antiquum — 18, 30 (deberent)*.

Im Range folgt ihr die Handschrift St. Omer 715, aus dem XII. Jh. (A 2), die ebenfalls eine gewisse Nachlese von Formen im Charakter des ursprünglichen Wortlauts bewahrt hat.

In die untenstehende Aufstellung aufgenommen wurden ausgewählte auffällige und erwägenswerte Lesarten von A 1 und A 2; erwägenswerte Lesarten der anderen Hss. nur, wenn A 1 aus den erwähnten paläographischen Gründen unsicher erscheint.

Abweichungen gegenüber Kruschs zweiter Ausgabe (1920) sind durch Sperrung hervorgehoben.

6,7	p e r c r e b r u e r a t *A 2*; percreverat *al., Krusch*
8,5	cuncta Davitica *codd.*; *leg.* cantica Dav.?
10,16/17	Altemaniam *Krusch, cf. V. Corbin. c. 15;* Altermaniam *A 1;* Germaniam *rell.*
12,2	qui *A 1;* qu(a)e *rell.*
14,3/4	Gallorum *rell.*; Wandalorum *A 1*
16,21	, ageretur *A 1;* agerentur *rell.*
20,9	quam *A 1;* quod *rell.*
20,18	p r o s a p i a m *A 1 (cf.* sapere); prophetiam *rell.*
22,16	quod *A 1;* qu(a)e *rell.*
30,2	praesulis *codd.*; *leg.* praesidis?
36,13	utpote *A 2;* ut puto *A 1*
38,24	perculsi *rell.*; perculsis *A 1*
40,14	quae *A 1;* qui *rell.*
40,15	n e *codd.* (= ut non); nec *Krusch*

42,10   no *A 2*; non *rell.*
44,18/19 suae praesentiae *codd.*; *leg.* sanctae pr.?
52,11   m u c r o n u m   s e c t i o n e (mucrorum rectione *A 1*);
         membrorum sectionem *rell.*, *Krusch*
52,23/24 exauditos se cernebant *rell.*; exauditores se c. *A 1*;
         leg. exauditos esse c.?
52,27   p e r e n n i u m *A 1*; per(h)enniter *rell.*
54,13   a u d i v i   a   f i d e l i u m   n a r r a t i o n e   e t   d i d i c i
         A 1; sive f. n. did. *al.*, *Krusch*
58,18   quae *A 1*; qui *rell.*
64,28   pretulisset *A 1*; pertulisset *rell.*
72,1   autem *rell.*; vita *A 1*; *leg.* vitae?
78,28   proficere *Krusch*; prospicere *A 1, al.*
80,13   quae *A 1*; quam *vel* qui *al.*
82,4/5   praevalent *codd.*; *leg.* praevalet?
82,14/15 depromsimus *Krusch*; depromisimus *A 1*; (promisimus *A 2*)

Anmerkungen

(z. T. nach Krusch)

S. 10 Die Nebenform ‚Altemaniam' statt Aleman-
      nien ist vielleicht als Versuch gelehrter Ety-
      mologie anzusprechen.

S. 14 Das Länderlob gehört seit alters zur litera-
      rischen Topik; so beginnt Beda seine Kir-
      chengeschichte mit einem Lob Englands, des-
      sen Kenntnis bei Virgil-Aethicus nachgewie-
      sen ist und bei Arbeo vermutet werden darf.
      Bayern reichte damals im Norden bis zur
      Donau, im Westen fast bis zum Lech, im
      Osten bis zur Enns; im Süden gehörte Tirol
      bis über Bozen hinaus dazu.
      Den Elch kennt auch das Nibelungenlied. Mit
      ‚capraeis', hier Rehe, mögen ebenso Gemsen
      gemeint sein.

S. 16 Vor dem ‚ritus gentilitatis', ohne nähere
      Kennzeichnung, warnt noch um 738 ein Brief
      Gregors III. an bayerische und fränkische
      Bischöfe. Der heidnische Brauch des segen-
      bringenden Zutrinkens, des ‚Minne'-Trin-
      kens, auf den Namen der Götter wurde nach·
      der Bekehrung auf Christus und die Heili-

gen übertragen. Er lebt fort im geweihten Johannis-Wein. Auch Emmerams-Minne ist bezeugt.

S. 22 Der geliebte Ort, in Kap. 13 ‚Helphindorf‘ genannt, ist Kleinhelfendorf westlich von Bad Aibling; es ist an der Stelle des römischen Isinisca an der von Augsburg nach Salzburg führenden Straße entstanden. Über dem Emmeramsbrunnen wurde 1631 die Brunnenkapelle errichtet.

S. 24. Zur Mitnahme von Reliquien dienten z. B. die in merowingischer und karolingischer Zeit gebräuchlichen Taschenreliquiare, wie das Wittekindreliquiar aus Enger u. a.

S. 30 Nach der Tradition ist die Marterkapelle von Kleinhelfendorf an der Stelle der Scheuer erbaut. Sie umschließt eine Steinplatte, auf der Emmeram gemartert worden sein soll. Darauf ist die oben erwähnte Figurengruppe aufgestellt.

S. 38 Der Weißdorn wird bereits von Marcellus Empiricus (IV./V. Jh.) als heilbringend erwähnt, da die Dornenkrone Christi von ihm genommen worden sei. Der gleiche Volksglaube von der heilenden Kraft der Baumseele, die selbst zerstückelte Glieder wiederherstellen kann, erscheint in dem Märchen vom ‚Machandelboom‘ (Wacholderbaum).

S. 40 Arbeo scheut sich, die Möglichkeit auszusprechen, daß die rätselhafte und beunruhigende Wegnahme der Glieder von Boten der bösen Mächte — zu schlimmen Zwecken, etwa Zauberei — verübt sein könnte. Wie Christus als Haupt seine Glieder, die Frommen, belohnt, konnte er auch nicht zulassen, daß die Glieder seines Märtyrers sich ‚vom

Wege der Wahrheit', d. h. seinem Reiche, entfernten.

S. 42 In Aschheim bei Feldkirchen, östlich von München, befand sich in agilolfingischer Zeit ein Herzogshof mit einer Peterskirche (vgl. Kap. 31). Hier wurden ca. 750 und 756 bayerische Synoden abgehalten.

Der Schauplatz von Emmerams Tod trug nach Kap. 25 und 45 schon zur Zeit des Bischofs Joseph von Freising (ca. 747—765) eine Gedächtniskirche. In späterer Zeit wurde er mit dem Namen ,Gruoba' bezeichnet; hier erwarb das Bistum Regensburg um 1022 durch Tausch vom Freisinger Vogt fünf Tagwerk; mit heutigen Orten des Namens, bei Aschheim oder bei Großhelfendorf, ist er nicht zu identifizieren. Jetzt erinnert an das Ereignis die Emmeramskapelle zwischen Feldkirchen und Heimstetten.

S. 50 Das Christuswort (Luc. 10, 16) ,Qui vos audit, me audit (et qui vos spernit, me spernit)' hat bei Arbeo infolge romanischer Lautgebung seinen Sinn verändert.

Die Formel ,Wie geschrieben steht' führt nicht ein Bibelwort ein, sondern einen Satz aus dem Schreiben der Aschheimer Synode an Tassilo, dem ein Wort Isidors von Sevilla zugrundelag.

S. 52 Näheres über die Geschichte der Emmeramskirche in Helfendorf ist einer Freisinger Urkunde vom 7. Oktober 772 (Nr. 50 bei Th. Bitterauf, Die Traditionen des Hochstifts Freising 1, 78 f.) zu entnehmen. Unter Bischof Ermbert (739 bis ca. 747) hatte Ortlaip aus Liebe zu dem Heiligen von den Einwohnern den Grund erworben und darauf eine steinerne Kirche des Märtyrers errichtet, die

vom Bischof geweiht worden war. Bei seinem Eintritt in das Kloster Isen übergab Ortlaip 772 sie der Freisinger Kirche. Die Urkunde enthält eine wörtliche Übereinstimmung mit Arbeos Vita: ,ubi (beatus Christi martyr H.) campum elegit certaminis', vgl. S. 22, Z. 21 f. Den dortigen Königshof und den Wildbann schenkte Otto I. dem Kloster St. Emmeram.

S. 56 Zur Schilderung der Wasserkatastrophe vgl. den Sintflutbericht (Gen. 7, 12 und 17).
Isarhafen war seit alter Zeit Oberföhring, an einer Römerstraße gelegen; in der Nähe liegt die kleine Kirche St. Emmeram.

S. 58 Die Georgskirche lag außerhalb der römischen Stadt. Sie war die Kirche des altchristlichen Friedhofs, von dem eine mittelalterliche Legende als ,mons martyrum' sprach. Ihre Lage ist daraus erschlossen worden, daß der südliche Nebenchor der dreischiffigen Klosterkirche den Namen Georgschor behielt; nach dieser Anschauung ist die Georgskirche in dem größeren Bau des VIII. Jahrhunderts aufgegangen, nach anderer hat bereits in spätrömischer Zeit an dieser Stelle ein Kirchenbau fast von der Ausdehnung der heutigen Klosterkirche gestanden. Die Gründung des Klosters, das zunächst unter dem Doppelpatrozinium St. Peter und St. Emmeram erscheint, ist wahrscheinlich um 700, in der Zeit des hl. Rupert und Theodos anzusetzen.
Die in der Vita beschriebene Translation bezieht sich zweifellos auf die Beisetzung in der 1894 wiederaufgefundenen Confessio, die in der Mittelachse der ringförmigen Emmeramskrypta liegt.

S. 60 Gawibald (739 bis ca. 760), bei der bayerischen Diözesanordnung durch Bonifatius als
Bischof von Regensburg eingesetzt.

S. 64 Den ‚fons Vivarius‘ — wohl ‚Fischweiher‘ —,
südlich von St. Emmeram, erwähnt eine
Schenkungsurkunde Karls des Großen für
das Kloster vom 22. Februar 794.

S. 66 Feronifaidus (Verroniwaida) wird von
Arnold von St. Emmeram mit ‚longinqua
pascua‘ wiedergegeben.
Die Donau war der Grenzfluß gegen das
thüringische Gebiet, das seit 531 unter west-
fränkischer Oberhoheit stand und dessen
Bevölkerung seither durch fränkische Sied-
lung stammesmäßig umgewandelt wurde.
Die Porathani werden am wahrscheinlichsten
mit den ‚Bortrini‘ oder ‚Borthari‘, einem
Stamm an der oberen Weser, identifiziert.

S. 68 Der überaus bezeichnende Vorbehalt gegenüber der weiblichen Schönheit wird von
Arbeo auch auf die stolze Herzogin Pilidrud
aus fränkischem Stamme (V. Corbin. c. 24)
angewendet; er ist Gregors Dialogen (1, 4)
entnommen.

S. 74 Von dem Weinbau am Hang des nördlichen
Donauufers, der auf römische Zeit zurück-
geht, zeugt der Name des Dorfes Winzer
gegenüber von Regensburg.

S. 80 vgl. Anm. zu S. 42.

S. 82 Arbeo lehnt sich in dem Schlußparagraphen
an den Prolog zu Gregors Dialogen an, stei-
gert aber die Wirkung durch das Anakoluth.
Zu Cyrinus statt Arbeo vgl. Nachwort.

Erklärung

der auffälligsten Schreibungen, Wortformen und Bedeutungen.

avidus (-e urbis 10, 7; urbem -am 76, 1) *vastus, ingens*

calippe (16, 28) *chalybe*

capside (34, 1) *capsa*

caute(l)a (20, 16; 28, 25) *caterva*

commassent (32, 5) *compsissent*

contemnationis (26, 7) *contemptionis*

cupare (14, 1) *excubare*

detulta (40, 17) *delata*

(in nostris) diocenis (62, 18, 78, 11) *(in nostra) dioecesi*

diurna (56, 10), -is (70, 3) *diuturna, -is*

epode (14, 15) *edepol?*

fabunius (56, 6) *favonius*

gemalem (44, 11), -i (52, 13) *hiemale(m), -i*

gennicus (16, 27) *gymnicus*

inrigua (mens) (34, 20) *rigida? ('abundans' Krusch)*

intulere (26, 25) *inferre*

neoffiti (14, 27) *neophyti*

no (32, 21; 42, 10) *non*

percommorantium (44, 23) *commorantium*

perennium (52, 27) *perenniter*

pipinna (74, 17) *bipennis*

prosagine (22, 11) *praesagio*

prosapiam (20, 18) *praescientiam*

prostraretur (24, 8) *prosterneretur*

cum psallentio (60, 10) *psallendo*

sacacae (16, 15) *sagace*

scuriam (30, 6) *horreum, granarium (ahd. sciura, nhd. Scheuer)*

sopolam, sobulam (24, 8; 32, 2) *subolem*

testimonio (64, 28) *testor (frz. témoigner; ital. testimoniare)*

tot (6, 10; 8, 28; etc.) *toti, etc.*

vulgarica (locutione) (66, 23) *vulgari*